CB038624

Amei o objetivo deste livro: encher o tanque de nossos corações com "a graça inflamável que pega nossa consciência pela nuca e sopra nova vida em nós com um perdão tão escandaloso que não conseguimos evitar sermos mudados". Esse é o tipo de graça que faz os discípulos amarem tanto seu Salvador a ponto de darem suas vidas para a glória dele.

> **Bryan Chapell,** pastor emérito da Grace Presbyterian Church, presidente emérito do Covenant Theological Seminary e autor de diversos livros, entre eles *Pregação cristocêntrica* e *Graça ilimitada* (Cultura Cristã)

O mundo quer *justiça* e, para falar a verdade, a igreja também. Neste livro, Dane Ortlund argumenta a partir dos Evangelhos que aquilo que a igreja e o mundo a quem ela testemunha precisam é de *graça*. A graça é contraintuitiva, inestimável, mas totalmente gratuita. Nosso sentimento em relação a ela é o ódio. Vemos a graça como algo que nos rebaixa e que afirma nossa corrupção e fraqueza moral. Contudo, a graça é o caminho de Deus para a salvação conforme revelado nos atos e nos ditos de Jesus nos quatro Evangelhos. Este livro é fora do comum: ele é uma dura repreensão que ao mesmo tempo traz encorajamento, liberdade e alegria. Vale muito a pena ser lido.

> **Carl R. Trueman,** professor do Grove City College e autor de diversos livros, entre eles *Somente a graça* (Cultura cristã) e *O imperativo confessional* (Monergismo)

SURPREENDIDO

por

JESUS

DANE ORTLUND

SURPREENDIDO

por

JESUS

A graça *subversiva* nos
quatro Evangelhos

Publicado originalmente em inglês por 10Publishing, como *Surprised by Jesus: subversive grace in the Four Gospels*.

© Dane Ortlund. Traduzido e publicado com permissão da 10Publishing, Unit C, Tomlinson Road, Leyland, PR25 2DY, Inglaterra.

Copyright da tradução © Pilgrim Serviços e Aplicações LTDA., 2023.

Todas as citações bíblicas foram extraídas da ALMEIDA SÉCULO 21 (A21), salvo indicação em contrário.

Os pontos de vista dessa obra são de responsabilidade de seu autor e colaboradores diretos, não refletindo necessariamente a posição da Pilgrim Serviços e Aplicações, da Thomas Nelson Brasil, ou de suas respectivas equipes editoriais.

TRADUÇÃO	*Marcos Otaviano*
EDIÇÃO	*Guilherme Cordeiro Pires* e *Guilherme H. Lorenzetti*
REVISÃO	*Edson Nakashima, Danny Charão* e *Dayane Andrade*
CAPA	*Barbara L. Vasconcelos*
DIAGRAMAÇÃO	*Luciana Di Iorio*

Dados Internacionais de Catalogação na Publicação (CIP)
(BENITEZ Catalogação Ass. Editorial, MS, Brasil)

O87s   Ortlund, Dane
1.ed. Surpreendido por Jesus : a graça subversiva nos quatro Evangelhos / Dane Ortlund ; tradução Marcos Otaviano. – 1.ed. – Rio de Janeiro : Thomas Nelson Brasil : Rio de Janeiro : Pilgrim : São Paulo, 2023.
192 p.; 13,5 x 20,8 cm.

Título original: Surprised by Jesus.
ISBN : 978-65-5689-713-4

1. Confiança – Aspectos religiosos – Cristianismo. 2. Evangelho – Cristianismo
3. Graça – Aspectos religiosos. 4. Vida cristã. I. Otaviano, Marcos. II. Título.

03-2023/29   CDD 234

Índice para catálogo sistemático:

1. Graça : Vida cristã : Cristianismo   234

Aline Graziele Benitez – Bibliotecária - CRB-1/3129

Todos os direitos reservados a Pilgrim Serviços e Aplicações LTDA.
Alameda Santos, 1000, Andar 10, Sala 102-A
São Paulo — SP — CEP: 01418-100
www.thepilgrim.com.br

Para meu pai, que me convenceu das verdades dessas páginas por meio das palavras e, muito mais poderosamente, por meio do exemplo.

SUMÁRIO

PREFÁCIO

ESTE LIVRO NASCEU EM UM CURSO sobre os quatro Evangelhos no outono de 2008 na Naperville Presbyterian Church e novamente, em um formato ligeiramente diferente, na The Orchard Evangelical Free Church, ambas próximas a Chicago, Illinois. Sou devedor aos membros de ambas as turmas por seu entusiasmo e suas ideias. O material também foi aprimorado ao longo de anos através de várias outras oportunidades de ensino e pregação, além de eu passar duas semanas ensinando os quatro Evangelhos no Theological College of Central Africa em Ndola, Zâmbia.

Este livro foi originalmente publicado com o título *Defiant grace* [graça desafiadora], em 2011; a presente edição, dez anos depois, retém muito do mesmo material, mas foi retrabalhada e aprimorada. É um prazer especial para mim que o local onde este material foi lecionado pela primeira vez, a Naperville Presbyterian Church, é onde agora sirvo, tendo sido chamado para atuar no ministério pastoral lá em 2020.

Ressaltar onde essas reflexões nasceram ajuda a explicar o alvo pretendido para elas, uma vez que elas tiveram origem no contexto da igreja local. Este livro não foi escrito para a academia, embora eu tenha sido beneficiado pelos numerosos eruditos cujos nomes raramente aparecem nestas páginas. Tampouco é direcionado a líderes cristãos, embora minha dívida com certos líderes na igreja de hoje esteja além do que posso pagar. Ele foi escrito para crentes comuns, ou para quem está investigando o que Jesus realmente representa — qualquer um interessado em escutar novamente sobre o cerne do cristianismo ao escutar Jesus. Se você não quer nada com cristãos ou com igrejas, mas está intrigado pelo próprio Jesus, este livro é para você. Se, por outro lado, você se considera um cristão, mas a obediência de alguma forma passou a parecer um imposto pago a Deus (com a esperança de que vai durar o bastante para garantir a sua sobrevivência), este livro é destinado, de igual modo, a você. Reconheço com alegria e gratidão meus mestres, que formaram minha sustentação teológica e pessoal de onde este livro emergiu — alguns já partiram, outros ainda estão entre nós; alguns por seus escritos, outros por sua amizade. Leitores familiarizados com os ministérios de Martinho Lutero, Jonathan Edwards, Adolf Schlatter, C. S. Lewis, Martyn Lloyd-Jones, Paul Tournier, Helmut Thielicke, Richard Bauckham, Brian Martin e Ray Ortlund Jr. alegremente perceberão a influência que essas bênçãos para a igreja tiveram sobre meu próprio entendimento acerca da realidade espiritual.

Este pequeno livro é deles tanto quanto é meu. Ele é dedicado ao último nome mencionado, meu pai, que, de centenas de formas que percebo e de milhares que não percebo, mostrou-me o significado e a beleza do evangelho.

Também sou grato a Brad Byrd e à equipe da 10Publishing.

Maior que a dívida para qualquer um deles é o que devo a minha melhor amiga e parceira na vida. Stacey não somente leu e melhorou cada capítulo, como continua a me aturar e me incentivar todos os dias. Por isso e por incontáveis outras maneiras como você alegra minha vida, obrigado, querida.

Dane Ortlund, *Páscoa de 2021*

INTRODUÇÃO

Jesus é surpreendente. A vinda dele cumpriu profecias antigas, mas não atendeu às expectativas; ele as estraçalhou.

Cada um dos quatro registros dos Evangelhos bíblicos nos proporciona de forma única um Jesus que vira de ponta-cabeça nossas expectativas intuitivas sobre quem ele é e como é segui-lo. Como costas ruins que precisam voltar repetidamente ao quiroprata para serem endireitadas, nosso entendimento sobre Jesus precisa ser alinhado repetidamente porque nossa pobre postura espiritual danifica nossa percepção sobre ele: domesticando-o e o conformando-o à nossa imagem, em vez de nos transformar à imagem *dele*.

Pois a graça que vem sobre nós em Jesus Cristo não é mesquinha. Essa graça se recusa a se permitir ficar presa ao nosso senso inato de justiça, reciprocidade e equilíbrio da balança. Ela é surpreendente.

Poucos compreenderam a surpresa da graça melhor do que o pastor episcopal e autor americano Robert Farrar Capon, em sua descrição do que os reformadores protestantes recuperaram cinco séculos atrás. Refletindo sobre por que Martinho Lutero se recusava a apoiar o celibato forçado aos sacerdotes, Capon escreveu:

> A Reforma foi um tempo em que as pessoas andavam bêbadas de tropeçar porque haviam descoberto, no porão empoeirado do medievalismo tardio, uma adega cheia de graça de 1500 anos, de teor 200%, garrafa após garrada de destilado puro das Escrituras que convenceriam qualquer um que Deus nos salva unilateralmente.[1]

A redescoberta da graça pela Reforma é uma descoberta que deve acontecer repetidamente — em tipo, se não em grau — a cada geração. A igreja está sempre a apenas algumas gerações de distância de perder o evangelho. D. A. Carson conta uma memória tão fascinante quanto assustadora:

> Eu já escutei um líder menonita avaliar o próprio movimento da seguinte maneira: uma geração de menonitas amava o evangelho e cria que a consequência do evangelho abarcava certas obrigações sociais e políticas. A geração seguinte tinha o evangelho como pressuposto e enfatizava as obrigações sociais e políticas. A geração atual se identifica com as obrigações sociais e políticas enquanto o evangelho é confessado ou negado; ele não está mais no cerne do sistema de crenças de alguns que se denominam menonitas.[2]

---

[1] Robert Farrar Capon, *Between noon and three: romance, law, and the tutrage of grace* (Grand Rapids: Eerdmans, 1997), p. 109-10.

[2] D. A Carson, *The cross and christian ministry: leadership lessons from 1Corinthians* (Grand Rapids: Baker, 1993), p. 63.

O evangelho foi primeiro amado, depois se tornou um pressuposto e, então, foi perdido. Tal processo de involução espiritual, claramente, não é limitado a um grupo específico da igreja. Uma vez deixados em ponto morto, todos nós tendemos a deslizar gradualmente para longe da maravilha do evangelho. Meu objetivo com este livro é nos ajudar a amarmos o evangelho.

É mais fácil falar que fazer. Não importa o quanto louvemos a graça com nossos lábios, nosso coração está tão completamente marinado na lei que a vida cristã deve ser, em essência, uma imersão constante de nosso coração e nossa mente na graça do evangelho. Somos viciados na lei. Conformar nossa vida a uma estrutura moral, agir de acordo com as regras, alcançar um padrão mínimo... Isso parece normal. E é assim como naturalmente buscamos curar esse profundo senso interno de inadequação. A pergunta real não é como evitar se tornar um fariseu; a questão é como se recuperar do fato de sermos os fariseus que todos nós — desde o ventre — já somos.

A lei parece segura; a graça parece arriscada. Ater-se às regras cria um senso de controle; a graça parece mais uma espécie de vertigem moral. Afinal, se tudo que temos é pela graça, então não há limite do que Deus possa pedir de nós. Contudo, se algum canto da nossa virtude se deve à contribuição pessoal, então há um teto do que Deus pode pedir de nós. Ele apenas pode nos levar até um limite. Ele apenas pode pedir até certo ponto.

Esse não é o chamado de Cristo. O Jesus dos Evangelhos desafia nossa moralidade domesticada, que joga de acordo com as regras. Foram os pecadores mais extravagantes dos dias de Jesus que receberam as boas-vindas mais compassivas dele. Foram as pessoas que mais minuciosamente seguiam a lei que foram os alvos das suas denúncias mais duras. O argumento não é que, portanto, devemos acolher o pecado. O argumento é que devemos abandonar a insistência incoerente de alavancar nosso senso de valor próprio em um bom histórico moral. É melhor uma vida de pecado com arrependimento do que uma vida de obediência sem arrependimento.

Este livro é um chamado para acolher *integralmente* as inundações liberadas pelo evangelho. Não a graça descafeinada que nos dá um tapinha nas costas, ignora nossas maiores rebeliões e não nos transforma, mas a graça inflamável que pega nossa consciência pela nuca e sopra nova vida em nós com um perdão tão escandaloso que não conseguimos evitar sermos mudados. Este livro é uma exortação de um irmão a afastar a turva nuvem de condenação que paira sobre nós ao longo do dia com o forte vento da graça do evangelho.

"Pois não estais debaixo da lei, mas debaixo da graça" (Romanos 6.14). Jesus é real; a graça é subversiva; a vida é curta; o risco é bom. Para muitos de nós, chegou a hora de abandonarmos de uma vez por todas nosso cristianismo seguro, que somente coloca a pontinha do pé, e mergulharmos. Chegou a hora, como Capon escreveu, de nos embebedarmos na graça, graça 200% e subversiva. Jesus não nos amassa para nos mudar. Ele nos surpreende para nos mudar.

Este livro existe para atiçar o fogo da renovação da graça que já está se espalhando pela igreja do século 21. Certo ressurgimento do evangelho está acontecendo hoje em vários ramos da igreja cristã. Devemos, é claro, evitar generalizações superficiais, mas é evidente, com as pregações, ensinos, livros, *blogs*, conferências e coalizões, que o evangelho da graça está sendo maravilhosamente reafirmado e amado. Muitos têm caminhado com o Senhor por anos, mas somente agora estão descobrindo o novo universo mental e emocional da *graça*.

Tudo isso recebemos alegremente das mãos do Senhor. A necessidade do momento, no entanto, não é de congratulação própria nem de diagnósticos orgulhosos sobre quem "entende" o evangelho da graça. A necessidade do momento é uma reverência mais profunda, novos níveis de encanto pela bondade revelada a nós, e uma oração sussurrada para que as boas notícias da gratuita misericórdia de Deus em Cristo se espalhem com contágio contínuo, com efeitos que serão sentidos por gerações.

O espalhamento desse contágio é a razão para este livro. *Surpreendido por Jesus* está dividido em quatro partes, uma para cada descrição de Jesus nos Evangelhos. Em cada uma das abordagens dos Evangelhos, há alguns capítulos pequenos. Em Mateus, vemos a surpresa da obediência desobediente. A *definição de moralidade* de Jesus é contraintuitiva, contrária a todas as nossas expectativas. Marcos nos mostra a surpresa do rei como criminoso. A *missão* de Jesus é contraintuitiva. Em Lucas, somos confrontados com a surpresa dos excluídos tornando-se os incluídos, e os incluídos, estranhamente, tornando-se os excluídos. A *comunidade* de Jesus é contraintuitiva. E, em João, vemos a surpresa do Criador assumindo carne e sangue como uma criatura. A *identidade* de Jesus é contraintuitiva.

Em termos teológicos, nossa abordagem de Mateus apoia-se no campo da moralidade; a de Marcos, na expiação; a de Lucas, na eclesiologia (a doutrina sobre a igreja); e a de João, na cristologia (a doutrina sobre Cristo). Repetidas vezes, nossas expectativas intuitivas de quem Jesus é e do que ele veio fazer são viradas de ponta-cabeça. Quem ele exclui, o que ele veio fazer, quem ele acolhe e quem ele é. Tais ênfases não são mutuamente excludentes, é claro. Todos os quatro registros dos Evangelhos nos ensinam sobre todas essas quatro áreas teológicas. Ainda assim, mesmo com todas as informações comuns, Deus nos deu quatro registros, não apenas um. E, de uma forma única, a cada registro do Evangelho, vemos a compaixão desconcertante de Jesus confrontando nossas expectativas intuitivas sobre moralidade, expiação, eclesiologia e cristologia. O Jesus dos Evangelhos desafia nossa existência segura, saturada de leis e que contabiliza resultados.

Jesus é muitas coisas, mas "previsível" não está na lista. Ele é, nas palavras do Sr. Castor das Crônicas de Nárnia, "perigosíssimo."[3] Espantoso, arrebatador, surpreendente,

---

[3]   C. S. Lewis, *O Leão, a feiticeira e o guarda-roupa*. trad. para o português por Paulo Mendes Campos (São Paulo: Martins Fontes, 2002).

exasperador, embaraçoso, sim; mas não insosso e previsível. Quando nos convencemos de que Deus é real e a Bíblia tem significado, Jesus, o Jesus verdadeiro, chega em cena e inverte todas as nossas expectativas intuitivas.

Mas, embora a graça de Jesus que desafie a intuição nos surpreenda, nossa confusão não o surpreende. Ele a conhece completamente. E ele é um mestre paciente, mais longânime e sensível do que jamais ousamos acreditar.

Então surpreenda-se, junto comigo, com o verdadeiro Jesus.

PRIMEIRA

parte

MATEUS

a surpresa da obediência desobediente

1

A DEFINIÇÃO DE MORALIDADE DE JESUS

A OBEDIÊNCIA PODE SER CONDENATÓRIA. Paul Tournier, psicólogo suíço do século passado, ajuda-nos a entender por quê. Ele escreve sobre o ministério de Jesus: "O estranho paradoxo presente em todas as páginas dos Evangelhos, e que podemos verificar a qualquer momento, é que o obstáculo para a graça não é a culpa, como o moralismo supõe. Ao contrário, a repressão da culpa, a autojustificação, a genuína justiça própria e a arrogância é que são os obstáculos." Consequentemente, "antes de Jesus, não há duas categorias humanas opostas, os culpados e os justos; há apenas os culpados."[1]

A distinção mais profunda entre seres humanos não é entre maus e bons, mas entre os que *sabem* que são maus

---

[1]   Paul Tournier, *Guilt and grace: a psychological study*, trad. para o inglês por Arthur W. Heathcote (New York: Harper & Row, 1962), p. 112, 136.

e os que não sabem. Ainda assim, estranhamente, não são os flagrantemente perversos que têm a maior dificuldade de perceber isso, mas os cuidadosamente obedientes. Como escreve Tournier, Jesus expõe a culpa das "pessoas morais e minuciosas ao proclamar que todos os homens são igualmente pecadores independentemente de todos os seus esforços, de forma que, não por ostentar sua impecabilidade alardeada, mas por confessar sua culpa, pelo arrependimento, eles encontrarão a graça que apaga a culpa."[2] A "obediência" minuciosa é, mais frequentemente do que temos consciência, *desobediência* sutilmente velada. A obediência pode levar, portanto, ao inferno.

Em nenhum lugar isso é exposto de forma mais acurada do que no Evangelho de Mateus. Para ver isso, vamos olhar para o ensinamento de Jesus sobre a vida no reino de Deus, em Mateus 19 e 20. Aqui encontramos mais claramente a grande surpresa de Mateus: que a estranha chave para a participação nas alegrias do reino de Deus não é nos qualificarmos para ele, mas reconhecermos francamente nossa desqualificação, uma desqualificação que se manifesta não apenas na violação de regras, mas também quando as obedecemos. Obedecer às regras extingue o pecado em nosso coração tanto quanto baldes de gasolina extinguem chamas em lareiras. Mateus nos ajuda a ver isso.

Primeiro, daremos ênfase a uma parte do Evangelho, fazendo algumas breves observações ao longo do caminho.

---

[2] Ibidem, p. 122.

Depois de ararmos o solo, vamos à colheita, amarrando tudo e vendo a ideia comum perpassando toda essa parte sobre os registros de Mateus.

O que é o mínimo que posso fazer?

Mateus 18 a 20 retrata como deve ser a vida no reino de Deus. E, repetidamente, a mesma pergunta, aparece sendo feita por tipos muito diferentes de pessoas. A pergunta é: "O que é o mínimo que posso fazer?".

Em Mateus 18.21-35, Pedro pergunta a Jesus quantas vezes ele precisa perdoar o irmão. "Até sete vezes?" (18.21). "Onde é o mínimo, Jesus? A partir de que ponto eu posso finalmente estar livre para parar de perdoar?" Pedro está perguntando qual é o mínimo que ele precisa fazer em relação ao perdão.

O registro imediatamente seguinte é uma conversa entre Jesus e os fariseus (19.1-12). E é o mesmo problema do coração que existe sob as distinções externas entre os pescadores que abriram mão de tudo para seguir Jesus e os fariseus moralmente meticulosos que se sentiram ameaçados por Jesus, pois, quando os fariseus perguntam a Jesus sobre o divórcio, essencialmente estão perguntando "O que é o mínimo que posso fazer em relação ao casamento?" (veja 19.3). "Em que ponto terei cumprido o que a lei judaica exige de mim na área conjugal?"

Finalmente, depois que Jesus repreende os discípulos por proibirem que as crianças se achegassem a ele (19.13-15, uma passagem à qual voltaremos), um jovem rico se aproxima de Jesus perguntando o que ele deve fazer para ter a vida eterna (19.16-22). A indagação dele é o ápice desses três relatos por nos apresentar a questão que está por trás das outras questões. Ele pergunta: "O que é o mínimo que posso fazer quanto à obediência?".

Em todos os três casos, estamos lidando com a mesma pergunta em roupagens diferentes, mas essa terceira ocorrência nos leva à raiz de todas elas. Aqui, chegamos à preocupação comum apresentada por Pedro, pelos fariseus e pelo jovem rico. Cada um pergunta: "Quanto é o mínimo de obediência que preciso ter para tirar Deus do meu pé?".

Vamos tomar a história da pergunta do jovem e escutar Jesus, permitindo assim que essa terceira e última conversa nos leve ao restante de Mateus 19 e 20.

Gerenciamento de moralidade

"Mestre, que farei de bom para ter a vida eterna?" (19.16). Eis aqui um homem que sempre pagou a vida com dinheiro. Ele também não poderia pagar com obediência a entrada na vida eterna?

Mas é difícil receber a resposta certa quando se faz a pergunta errada. Pois, desde o início, notamos que este jovem ainda não aprendera o que Tournier nos relembrou: a pergunta não é "Quem vai conseguir ser justo?", mas sim "Quem vai admitir que jamais vai conseguir ser justo?". Um calouro no Ensino Médio não pergunta que tipo sanguíneo ele precisa ter para conseguir se qualificar para o time de basquete. Não há uma resposta correta porque a própria pergunta acusa a falta de compreensão sobre o que é necessário para se entrar no time. O tipo sanguíneo é importante, mas é irrelevante para se ganhar o acesso ao time. A obediência é importante, mas irrelevante para se ganhar o acesso à vida eterna. O céu não é ganho com a obediência. Ele é dado.

Ainda assim, Jesus o responde:

> Ele lhe respondeu: Por que me perguntas sobre o que é bom? Somente um é bom; mas se queres entrar na vida, obedece aos mandamentos. Ele lhe perguntou: Quais? Jesus respondeu: Não matarás; não adulterarás; não furtarás; não darás falso testemunho; honra teu pai e tua mãe; e amarás o teu próximo como a ti mesmo (19.17-19).

Da perspectiva bíblica, há duas maneiras de resumir a lei do Antigo Testamento. Uma são os Dez Mandamentos (Êxodo 20.3-17; Deuteronômio 5.7-22). A outra são os mandamentos duplos de "Amarás o SENHOR, teu Deus, de todo o teu coração, com toda a tua alma e com todas as tuas forças" (Deuteronômio 6.5) e "amarás o teu próximo como a ti mesmo" (Levítico 19.18), conforme o próprio Jesus resume a lei em Mateus 22.37-40. Em ambas as listas, temos elementos verticais seguidos por elementos horizontais. Ambas as listas começam com nosso relacionamento com Deus e depois passam para nossos relacionamentos uns com os outros. Aqui em Mateus 19, Jesus extrai a dimensão horizontal dos dois resumos da lei e a coloca diante do jovem. Dos Dez Mandamentos, Jesus ignorou os números 1 a 4 e, dos mandamentos duplos, ele ignorou a primeira parte. Em ambos os casos, a dimensão vertical é omitida.

Contudo, isso é completamente exato? Ao esquadrinharmos mais atentamente, vemos que não é totalmente verdade. Jesus citou cinco dos seis mandamentos horizontais do Decálogo. Um ficou de fora: o Décimo Mandamento, o que proíbe a cobiça. Por que Jesus deixaria esse fora da lista?

Jesus evitou esse mandamento horizontal final pela mesma razão por que esse é o único mandamento mencionado por Paulo em Romanos 7 como tendo provocado o pecado dentro dele: é o único mandamento horizontal que fala sobre o coração.[3] Assassinato, adultério, roubo e os outros são todos pecados observáveis. Cobiçar é um pecado do coração. É interno, invisível.

Jesus colocou diante do jovem rico todos os mandamentos que são, à primeira vista, gerenciáveis externamente.

Expondo nossos ídolos

Consequentemente, o jovem responde com confiança: "Tenho obedecido a tudo isso". Ele marca como feito um de cada vez, mas a pergunta permanece: "que me falta ainda?". Mesmo diante de tamanho otimismo moral imodesto, o jovem sabe que algo não está certo. Aqueles

---

[3] Isso é bem desenvolvido pela pergunta 113 do Catecismo de Heidelberg: "O que Deus exige no décimo mandamento? Resposta: Jamais pode surgir em nosso coração o menor desejo ou pensamento contra qualquer mandamento de Deus. Pelo contrário, devemos sempre, de todo o coração odiar todos os pecados e amar toda justiça".

entre nós que acreditam ter obedecido às regras diante de Deus conhecem o surpreendente vazio resultante de tal obediência rigorosa, porém vazia. O teólogo suíço Adolf Schlatter adequadamente chamou a moralidade desse jovem de "folhagem seca".[4]

> Jesus respondeu: Se queres ser perfeito, vai, vende tudo o que tens e dá-o aos pobres; e terás um tesouro no céu; depois vem e segue-me. Mas, ouvindo essas palavras, o jovem retirou-se triste, porque possuía muitos bens (19.21-22).

Com essa exortação de Jesus para ele renunciar tudo a fim de segui-lo, Jesus não estava balançando diante desse jovem a cenoura da obediência à lei, incitando-o a observar a lei para justificar a si mesmo. Jesus tinha, amorosamente, preparado o jovem para mostrar-lhe sua idolatria. Jesus inseriu na conversa o Primeiro Mandamento ("Não terás outros deuses além de mim", Êxodo 20.3) sem que o jovem percebesse. Ele expôs o pecado do rapaz não por mostrar que ele deveria entregar todas as posses materiais para seguir Deus, mas sim que as posses materiais *eram* o deus dele. E, como Martinho Lutero apontou, não há como quebrar os mandamentos 2 a 10 sem quebrar antes o mandamento número 1.[5] Se nós desonramos nossos

---

[4] Adolf Schlatter, "Moral oder evangelium?", in: *Gesunde lehre: reden und aufsätze* (Velbert: Freizeiten Verlag, 1929), p. 94.

[5] Martinho Lutero, "A treatise on good works", in: *Luther's works, vol. 44: the christian in society I*, org. por James Atkinson (Philadelphia: Fortress, 1966),p. 30-31; *Luther's works, vol. 51*: Sermons I, org. por

pais, quebramos os mandamentos 1 e 5, pois nosso deus é a independência. Se cometemos adultério, quebramos os mandamentos 1 e 7, pois nosso deus é o sexo. E, se amamos dinheiro, quebramos os mandamentos 1 e 10, pois nosso deus são as posses materiais. O Primeiro Mandamento é o filtro pelo qual todo pecado passa.

Diante de como esse jovem levava a moralidade a sério, é seguro presumir que ele dava os dízimos judaicos adequadamente. Entretanto, Jesus o chama para entregar tudo que tinha porque meramente dar o dízimo permite que o materialista mantenha seu ídolo basicamente intacto. Jesus vai diretamente ao centro das afeições mais profundas do jovem: sua segurança financeira. O coração dele é exposto. E, infelizmente, como uma criança sofrendo com uma

John W. Doberstein (Philadelphia: Fortress, 1959),p. 144, 161. Veja também Robert Kolb; Charles P. Arand, *The genius of Luther's theology*: Wittenberg way of thinking for the contemporary church (Grand Rapids: Baker, 2008), p. 68, 153. G. C. Berkouwer faz a mesma observação sobre a natureza do Primeiro Mandamento, embora de forma menos desenvolvida, em *Faith and sanctification*. trad. para o inglês por John Vriend (Grand Rapids: Eerdmans, 1952) p. 184-85. Lutero ainda nos ajuda a ver que o Primeiro Mandamento é um chamado implícito à justificação pela fé. Como a idolatria é a justificação por um ídolo (isto é, o materialismo é a justificação pela segurança financeira; a imoralidade sexual é a justificação pelo prazer; a autopromoção é a justificação pela aprovação dos outros), o Primeiro Mandamento é, de fato, um chamado para o povo de Deus não ter quaisquer formas menores de justificação diante de Deus. "Não terás outros deuses além de mim" significa, mais que qualquer coisa, "confiarás em mim; buscarás seu senso de valor (isto é, sua justificação) em nada além de mim, o único que pode provê-lo e o único em quem há valor em buscá-lo" (veja *Luther's works*, vol. 44, p. 33, 34; vol. 51, p. 17).

irritação e que prefere coçá-la em vez de usar uma pomada, o jovem preferiu o ídolo, e retirou-se triste.

Elefantes e partículas subatômicas

A essa altura, Jesus aproveita a oportunidade para ensinar uma lição aos discípulos:

> Então Jesus disse aos discípulos: Em verdade vos digo que um rico dificilmente entrará no reino do céu. E outra vez vos digo que é mais fácil um camelo passar pelo fundo de uma agulha do que um rico entrar no reino de Deus. Quando os seus discípulos ouviram isso, ficaram extremamente admirados e perguntaram: Quem, então, pode ser salvo? (19.23-25).

A metáfora de Jesus acerca do camelo e da agulha não tem a intenção de falar algo particularmente enigmático. Ele simplesmente traz à mente o maior animal e a menor abertura conhecidos na época. Se ele estivesse falando hoje, ele poderia ter dito que é mais fácil um elefante passar por uma partícula subatômica do que um rico entrar no reino de Deus. De qualquer forma, o argumento é o mesmo: é impossível.

Por que, então, os discípulos ficaram tão inquietos? À primeira vista, leitores modernos não entendem por que eles ficaram tão abismados. Se é tão difícil os ricos entrarem no reino de Deus, então a solução não é simplesmente evitar toda riqueza? Por que os discípulos simplesmente não decidem viver na classe baixa ou média da sociedade? A razão é que não era assim como a vida funcionava para o judeu do primeiro século. Ganhos financeiros eram vistos como um sinal direto da aprovação de Deus. Falar que "A bênção do Senhor enriquece" (Provérbios 10.22) era axiomático. Bênçãos materiais eram vistas como ligadas a bênçãos espirituais (Deuteronômio 28.1-6, 8, 11-12). Quando os discípulos perguntam "Quem, então, pode ser salvo?", eles estão dizendo "Se quem está no topo da estratosfera social, que Deus tão claramente abençoou, não pode entrar, que esperança existe para o resto de nós, que não tem esse tipo de favor divino óbvio?".[6]

Jesus responde enigmaticamente, confirmando a desesperança deles antes de reconstruí-la sobre uma fundação adequada: "Isso é impossível para os homens, mas para Deus tudo é possível" (19.26). Jesus falou: "É pior do que você imagina, e muito, muito melhor". De acordo com seu entendimento sobre a forma como Deus se relaciona com as pessoas, que é intuitivo, natural, moralizante, domesticado e no qual você recebe pelo que trabalha, sim, é impossível.

---

[6] A questão é um pouco mais complexa que isso: alguns provérbios falam sobre a bênção da riqueza (Provérbios 8.18; 10.4,15,22; 14.24; 22.4), outros, sobre os perigos da riqueza (Provérbios 11.4,28; compare com 23.4; 28.22). Para uma avaliação equilibrada sobre os ensinamentos bíblicos multifacetados acerca da riqueza, veja Craig L. Blomberg, *Neither poverty nor riches: biblical theology of possessions* (Downers Grove: InterVarsity, 1999). No entanto, o argumento permanece sendo que judeus do primeiro século veriam a riqueza como uma bênção divina muito mais prontamente do que crentes ocidentais do século 21; veja, por exemplo, Ben Witherington III, *Jesus the sage: the pilgrimage of wisdom* (Minneapolis: Augsburg Fortress, 1994), p. 166; Robert H. Gundry, *A survey of the New Testament*. 4. ed. (Grand Rapids: Zondervan, 2003), p. 146. Sobre a bênção divina da riqueza, veja também 1Reis 3.10-13; Jó 42.12; Eclesiastes 5.19.

No entanto, com Deus, de acordo com o entendimento sobre a forma como Deus se relaciona com o povo dele, que é selvagem, extravagante, fora de toda proporção e no qual você recebe muito mais do que pediu, contanto que não tente pagar por isso, tudo é possível. Schlatter escreveu: "Acima das impossibilidades criadas por nós mesmos está a onipotência da graça".[7]

Herdeiros não ganham por merecimento

"Tomando a palavra, Pedro lhe disse: Nós deixamos tudo e te seguimos. Que recompensa teremos?" (19.27). Assim como a pergunta mal embasada do jovem rico no versículo 16, aqui também vemos o mesmo em relação a Pedro — a pergunta está errada. Mesmo assim, Jesus responde assegurando a Pedro e aos discípulos que tudo que eles fizeram vai ser abundantemente recompensado na nova terra: "todo o que tiver deixado casa, ou irmãos, ou irmãs, ou pai, ou mãe, ou filhos, ou campos, por minha causa, receberá cem vezes mais e herdará a vida eterna" (19.29).

Duas observações nos ajudam a entender o sentido do que está acontecendo aqui. Primeiro: essa não é a única referência à "vida eterna" que vimos em Mateus 19. No versículo 16, o jovem rico perguntara o que ele tinha que fazer para alcançá-la. Note, porém, que o jovem falou sobre *merecer* a vida eterna. O versículo 16 literalmente é

---

[7] Adolf Schlatter, *Do we know Jesus? Daily insights for the mind and soul*, trad. para o inglês por Andreas J. Köstenberger; Robert W. Yarbrough (Grand Rapids: Kregel, 2005), p. 193.

"O que eu devo fazer a fim de ter a vida eterna?". No versículo 29, porém, Jesus fala sobre os que renunciam tudo por causa dele como *tendo herdado* a vida eterna. Herdeiros não merecem. Eles recebem simplesmente por terem nascido na família, sem nenhuma virtude por parte deles. O filho único de um bilionário não tem de *fazer* nada para herdar uma fortuna quando o pai dele falecer.

Segunda: Pedro claramente se via como o completo oposto do jovem rico. Quando o jovem desaparece lentamente em uma curva na estrada, Pedro vira-se para Jesus e o relembra: "Nós deixamos tudo...". Enquanto o jovem se recusava a deixar a casa e família dele para seguir Jesus, Pedro fizera precisamente isso (veja também 4.18-20). Mesmo assim, embora o jovem e Pedro tivessem reagido a Jesus de maneiras opostas, *eles estavam tratando o discipulado precisamente da mesma maneira*. Ambos viam a lealdade a Jesus como uma transação financeira. O jovem queria o seu próprio dinheiro, então ele não seguiu Jesus. Pedro queria uma recompensa, então o seguiu. Ninguém queria Jesus. Há mesmo muita diferença se o salvador substituto era a desobediência ou a obediência? Como Lewis escreveu: "Para um homem morrendo em um deserto, importa mesmo em qual tomada de decisão ele perdeu o único poço?".[8]

Depois de anular não somente a recusa do jovem rico a sacrificar tudo, mas também o comprometimento de Pedro

---

[8] C. S. Lewis, "A slip of the tongue", in: *The weight of glory and other addresses* (New York: Touchstone, 1996), p. 142.

a sacrificar tudo, Jesus imediatamente prossegue na garantia de recompensa para seus seguidores leais com um comentário inusitado: "Mas muitos dos primeiros serão últimos; e os últimos serão os primeiros" (19.30). Mas o que é que isso significa?

Os últimos serão os primeiros

Evidentemente, os discípulos estavam se perguntando a mesma coisa. Então, como costumava fazer, Jesus contou uma história. Ele falou sobre um dono de terras que contratou trabalhadores para sua vinha em horários diferentes ao longo do dia e pagou um dia inteiro de trabalho a cada um.

A fim de mostrar o quanto a história de Jesus teria soado esquisita para um judeu do primeiro século, escute as palavras de um rabino mais ou menos da época de Jesus em um comentário sobre uma parte da lei do Antigo Testamento. Esse rabino está refletindo sobre Levítico 26, que fala sobre uma série de bênçãos para a obediência. A certa altura, Deus descreve a maneira como ele vai responder à obediência do seu povo garantindo: "Eu me voltarei para vós", que também pode ser traduzido como "Cuidarei de vocês" (Levítico 26.9). A mentalidade desse rabino (e a minha própria mentalidade padrão) esclarece a dinâmica do coração que Jesus está anulando.

> "Cuidarei de vocês." Eles contaram uma parábola. Como é a questão? É como um rei que contratou muitos trabalhadores. Havia um trabalhador em particular que labutou para ele por muitos dias. Os trabalhadores

vieram receber seu pagamento e este trabalhador entrou com eles. O rei falou para esse trabalhador: "Meu filho, eu darei uma recompensa especial para você. Para esses vários que trabalharam comigo pouco tempo pagarei pouco. Mas estou prestes a pagar uma grande quantia para você."... Portanto, é dito "Cuidarei de vocês."[9]

Isso não é uma evidência de que judeus tentavam a justificação própria mais do que outros povos antigos. E, mesmo assim, não é porque os judeus *não tinham* um problema com a justificação própria, mas sim porque todos têm o mesmo problema.

O judaísmo não é nada mais "legalista" do que qualquer outra religião porque é uma religião feita por humanos e a

---

[9] *Sifra Behuqqotai pereq* 2:5, citado em E. P. Sanders, *Paul and palestinian judaism: a comparison of patterns of religion* (Minneapolis: Fortress, 1977) p. 118. Uma história similar foi contada trezentos anos depois de Jesus por um rabino em uma elegia no funeral de um jovem que morreu aos 28 anos. De acordo com a versão moderna de Joachim Jeremias da parábola, o rabino "começou falando que a situação era como a de um rei que contratara um grande número de trabalhadores. Duas horas depois que o trabalho começara, ele os inspecionou e viu que um deles era mais habilidoso e engenhoso que os outros [...] Quando os trabalhadores vieram receber seus pagamentos, esse recebeu a mesma quantidade que os outros. Então, eles resmungaram e disseram: 'Nós trabalhamos o dia todo, em contraste com as duas horas desse homem, e ainda pagaste a ele o salário do dia todo'. O rei respondeu: 'Não fui injusto convosco; esse trabalhador fez mais em duas horas do que vós fizestes o dia todo'"(Joachim Jeremias, *Rediscovering the parables* (New York: Scribner's, 1966) p. 110). Jeremias destaca que, entre as várias similaridades impressionantes entre essa parábola e a de Jesus, o trabalhador na parábola judaica, apesar de ter trabalhado tão pouco tempo, produziu mais que os outros; na parábola de Jesus, os trabalhadores contratados mais tarde não podem pedir nada além da bondade de quem os contratou.

propensão a querer merecer em vez de receber o favor de Deus é um problema humano, não judaico.[10]

Agora, vamos escutar sobre como *Jesus* explica a resposta de Deus para nosso trabalho duro para ele:

> Porque o reino do céu é semelhante a um proprietário que saiu de madrugada para contratar trabalhadores para a sua vinha. Tendo combinado com os trabalhadores o salário de um denário por dia, mandou-os para a vinha. Por volta da hora terceira saiu e viu que outros estavam ociosos na praça; e disse-lhes: Ide também vós para a vinha, e eu vos darei o que for justo. E eles foram. Saiu outra vez, por volta da hora sexta e da hora nona, e fez o mesmo. De igual modo, por volta da décima primeira hora, saiu e encontrou outros que lá estavam; e perguntou-lhes: Por que estais aqui ociosos o dia todo? Eles lhe responderam: Porque ninguém nos contratou. E ele lhes disse: Ide também vós para a vinha. Ao anoitecer, o dono da vinha disse ao administrador: Chama os trabalhadores e paga-lhes o salário, começando pelos últimos até os primeiros. Vindo os que chegaram por volta da décima primeira hora, receberam um denário cada um. Quando os primeiros vieram, pensaram que receberiam mais; eles, porém, também receberam um denário cada um. E, ao recebê-lo, queixaram-se do proprietário, dizendo: Os que

---

[10] Veja Helmut Thielicke, *The waiting Father: sermons on the parables of Jesus*, trad. para o inglês por John W. Doberstein (New York: Harper & Row, 1959), p. 117; Peter Stuhlmacher, *Revisiting Paul's doctrine of justification: a challenge to the new perspective*, trad. para o inglês por Daniel P. Bailey (Downers Grove: InterVarsity, 2001) p. 86-7; Thomas R. Schreiner, *Paul, apostle of God's glory in Christ: a Pauline theology* (Downers Grove: InterVarsity, 2006), p.121.

vieram por último trabalharam somente uma hora, e tu os igualaste a nós, que suportamos a fadiga do dia inteiro e o calor intenso. Respondendo, ele disse a um deles: Amigo, não te faço injustiça; não combinaste comigo um denário? Toma o que é teu e vai embora; quero dar a quem veio por último tanto quanto dei a ti. Não me é permitido fazer o que quero com o que é meu? Ou os teus olhos são maus porque sou generoso? Assim, os últimos serão os primeiros, e os primeiros serão os últimos (20.1-16).

Não o que merecemos, mas o que precisamos

Com essa última frase da parábola, Jesus volta às últimas palavras dele no último versículo de Mateus 19: "Mas muitos dos primeiros serão últimos; e os últimos serão os primeiros". Esta é a forma dele de indicar que a parábola está explicando o que ele quis dizer no fim do capítulo 19 quando falou sobre esse princípio pela primeira vez.

O que, então, essa parábola está comunicando?

O argumento tem duas partes: primeira, a respeito dos que foram contratados mais perto do fim do dia; segunda, a respeito dos que foram contratados mais cedo. O segundo grupo, os trabalhadores que foram contratados mais cedo, será nosso foco principal.

Nós vemos a generosidade compassiva do proprietário quando trata os trabalhadores contratados mais tarde não de acordo com o que eles merecem, mas de acordo com o que eles *precisam*. Um denário é o salário de um dia. Isso alimentaria a família daquele empregado por aquele dia (veja Deuteronômio 24.14,15). E os trabalhadores nem mesmo foram atrás do trabalho. O proprietário os procurou. Na verdade, ele não deixou que o administrador fosse procurar os trabalhadores; o próprio proprietário os procurou. Baseado em sua experiência de sessenta anos morando e lecionando o Novo Testamento no Egito, Líbano, Jerusalém e Chipre, o professor Kenneth Bailey nos ajuda a entender a estranheza das ações do proprietário aqui:

> Proprietários de terra no Oriente Médio são conhecidos tradicionalmente como donos ausentes. Eles contratam outros para trabalharem na terra e designam um capataz/mordomo para administrarem o lote. Um proprietário tradicional pode dar ao mordomo instruções detalhadas de manhã e pedir um relatório ao fim do dia, mas fazer a viagem em pessoa da fazenda ao mercado e voltar cinco vezes em um único dia é inédito. Isso é trabalho do administrador.[11]

Além disso, podemos perguntar: quanta ajuda na vinha ele poderia de fato ter conseguido com esse recrutamento final? Esses trabalhadores mais tardios foram contratados à décima primeira hora, ou seja, 5 da tarde. Em um dia de trabalho que ia da aurora (6 da manhã) ao pôr do sol (6 da tarde), isso significa que o proprietário conseguiu uma hora de trabalho deles. Na verdade, não lemos que os trabalhadores começaram a trabalhar na décima primeira hora, mas que o proprietário "saiu" procurando por mais trabalhadores na décima primeira hora (20.6). Quando eles voltaram

---

[11] Kenneth E. Bailey, *Jesus through middle eastern eyes: cultural studies in the Gospels* (Downers Grove: InterVarsity, 2008), p. 363.

para a vinha e o capataz explicou o trabalho para eles, talvez tenham sido apenas trinta minutos ou menos de trabalho real que o proprietário aproveitou desses atrasados.

O proprietário não precisava dos trabalhadores; eles que precisavam do proprietário. Como Jerry Bridges ressalta, a parábola nos mostra que Deus não nos dá o que fizemos por merecer. Ele nos dá o que precisamos.[12]

Quando nossa gratidão pela graça recebida regride a um ressentimento, como o de Jonas, por outros menos merecedores terem recebido graça, mostramos que, na verdade, não entendemos a graça que nós mesmos recebemos. Pois se a graça é verdadeiramente graça, livremente concedida, e não está vinculada a qualquer mérito ou demérito pessoal, então é impossível alguém merecê-la mais ou menos do que qualquer outro. Bailey corretamente ressalta que os trabalhadores rabugentos não são rabugentos porque receberam pouco, mas porque, na percepção deles, os outros receberam demais:

> A história foca em uma equação com graça incrível, a qual é ressentida por aqueles que sentem que mereceram mais para si... A reclamação vem de quem foi pago justamente e que não consegue tolerar a graça... A graça não é somente incrível; ela é, para certas pessoas, revoltante![13]

Jesus nos surpreende com sua graça surpreendente.

---

[12] Jerry Bridges, *Transforming grace: living confidently in God's unfailing love* (Colorado Spring: NavPress, 1991) p. 48-51, 613.

[13] Kenneth E. Bailey, *Jesus through middle eastern eyes*. p. 360-1.

2

O FARISEU INTERIOR

Agora, passamos da fase de arar o solo de Mateus 19—20 para a colheita do que observamos e canalizamos para nossa própria vida. Os trabalhadores que foram contratados mais cedo nos mostraram que o maior obstáculo para a vida frutífera e feliz no reino de Deus é a obediência desobediente.

Pagadores de impostos relutantes

A razão pela qual percorremos uma parte tão grande de Mateus é que a mentalidade dos primeiros trabalhadores contratados ilustra exatamente a mentalidade tanto do jovem rico quanto de Pedro. Um problema comum contagiava todos eles: eles estavam operando com base na premissa de que a vida no reino era sobre receberem *em adição ao* merecimento, em vez de receberem *excluindo-se* o merecimento. Eles achavam que a única alternativa a ser mau era ser bom, fracassando em perceber que ser bom pode ser tão vazio de evangelho quanto ser mau. Eles achavam que havia uma maneira de se rejeitar Deus, quando na verdade há duas: desobediência com coração duro, e obediência com coração duro. A única diferença é que o primeiro tipo *sabe* que está rejeitando Deus. O evangelho é a provisão de Deus de aceitação gratuita em Cristo, completamente independente do nosso desprezo ou contribuição para essa aceitação. Se é assim, então não somente fracassos morais como também sucessos morais estão excluídos do amor de Deus por nós.

Ainda assim, o jovem rico, Pedro e os primeiros trabalhadores contratados estavam todos tratando o relacionamento deles com Deus como uma poupança: colocar um pouco de obediência a cada dia, acompanhar o progresso ("Tenho obedecido a tudo isso"; "Nós deixamos tudo e te seguimos"), acumular e esperar que um dia tenhamos o bastante para sobreviver no fim das contas. Tal mentalidade é um tiro pela culatra porque nega tanto a insuficiência dos nossos próprios recursos morais (como resultado do nosso pecado) quanto a suficiência da provisão de Deus (conforme a obra de Cristo). Em outras palavras, tal obediência é, na verdade, desobediência pois trata a obediência como o pagamento de uma taxa. A metáfora é de C. S. Lewis:

> Nossa tentação é procurar avidamente pelo mínimo que será aceito [isto é, qual o mínimo que posso fazer?]. De fato, somos muito parecidos com honestos, mas relutantes, pagadores de impostos. Concordamos, inicialmente,

com um imposto de renda. Nós o pagamos fielmente. Mas tememos um aumento no imposto. Somos muito cuidadosos para não pagarmos mais do que o necessário. E esperamos, muito ardentemente, que, depois de termos pagado, ainda haja o bastante para sobrevivermos.[1]

Obediência dada a Deus com a mesma atitude com a qual pagamos nossos impostos não é obediência. É desobediência. É o que Schlatter corretamente descreve como "o monstro de uma piedade impiedosa."[2]

Qualificar-se ou não se qualificar?

O perigo da obediência pode ser mais esclarecido quando o colocamos em termos de "qualificação", pois a sequência de passagens que vai do relato das crianças sendo repreendidas por irem a Jesus (19.13-15) até a parte final da parábola (20.16) está toda conectada por uma única ideia, o argumento principal que Mateus quer que vejamos como a vida no reino funciona. O argumento é que, no reino de Deus, a única coisa que nos qualifica é sabermos que não nos qualificamos e a única coisa que nos desqualifica é acharmos que nos qualificamos.

Considere a sequência de registros no Evangelho de Mateus que abordamos. Em todas as passagens, um personagem

---

[1] C. S. Lewis, "Slip of the tongue". p. 140. Similarmente, Adolf Schlatter, *Do we know Jesus?*, p. 135-6.

[2] Adolf Schlatter, *The history of the Christ*, trad. para o inglês por Andreas J. Köstenberger (Grand Rapids: Baker, 1997), p.152; compare com p. 217-29, 328-9.

central presume que alguém tem de "se qualificar" para ganhar uma aprovação correspondente.

- Os discípulos achavam que as crianças tinham de se qualificar tendo certa idade mínima para ganharem a atenção de Jesus (19.13-15);
- O jovem rico achava que precisava se qualificar guardando a lei para ganhar a vida eterna (19.16-22);
- Pedro e companhia achavam que tinham de se qualificar fazendo um sacrifício para ganharem uma recompensa (19.23-30);
- Os trabalhadores que foram contratados mais cedo achavam que todos os empregados tinham de se qualificar trabalhando o suficiente para ganharem o pagamento do dia inteiro (20.1-16).

Em nossos momentos de sanidade espiritual, você e eu sabemos que não somos diferentes. Tendemos a presumir que, para que Deus nos aprove — *realmente* nos aprove —, temos de nos qualificar. E, nesse momento, o evangelho foi transportado da lareira quente do nosso coração para o porão frio e empoeirado do mérito.

Um cristão não é alguém que foi incluído no rol da fama moral. Um cristão é um fariseu alegremente em recuperação.

Guardando as regras com maldade

Eu falo "fariseu" porque essa obediência desobediente está presente por todo o Evangelho de Mateus e fica mais clara nas confrontações antagônicas dos fariseus com Jesus, confrontações que fazem tanto sentido quanto um paciente com diabetes raivosamente confrontando o médico que chegou com uma dose crucial de insulina. Se alguém tinha de ter se alegrado com a vinda de Cristo eram os escribas e os fariseus. Eles eram os eruditos professores de seminário daqueles tempos. Eram eles que conheciam as Escrituras que continham as antigas promessas de Deus e as profecias sussurradas a respeito de um Salvador vindouro.

Certamente, alguns deles reconheciam em Jesus a esperança de Israel e o Salvador do mundo (Marcos 12.28-34; João 3.12; 7.50-52; 19.39). Contudo, repetidamente esses líderes religiosos, no geral, rejeitavam Jesus e os ensinamentos dele. De que maneira? Não porque eles abandonaram todas as regras; pelo contrário, em termos da lei, eles eram alunos nota 10. Eles cumpriam todas as regras. Eles eram obedientes. Era, porém, uma obediência desobediente. Era, como Agostinho disse, vício revestido em virtude.[3] Era uma obediência em prazer próprio, comparando a si mesmos com os outros. Os fariseus não eram menos ruins que os imorais. Enquanto os imorais eram maus e escancarados a respeito disso, os fariseus eram maus por dentro, mas o mascaravam, acrescentando a hipocrisia ao próprio coração já culpado.[4] Em Mateus 12, Jesus os chamou de

---

[3] Agostinho, *City of God*, org. por Vernon J. Bourke, trad. para o inglês de Gerald G. Walsh et al (Garden City: Image, 1958). Livro xix. 25; compare com o v. 20.

[4] Sobre a natureza interna do discipulado autêntico, veja Francis Schaeffer, *True spirituality* (Wheaton: Tyndale House, 1971), p. 114,116, 120-1.

"raça de víboras" e falou sobre a discrepância entre o que eles falavam por fora e o que era a realidade deles por dentro: "Como podeis falar coisas boas, sendo maus?" (12.34). Sim, podemos ser maus ao abandonarmos todas as regras. Mas podemos ser igualmente maus mesmo obedecendo todas as regras.

Os escribas e os fariseus eram a epítome dessa obediência desobediente, fazendo por merecer as denúncias ferrenhas de Jesus em passagens como Mateus 23, na qual ele proclama sete ais sobre eles. Certamente, não aglomeramos todos os fariseus nessa dura avaliação. Mesmo assim, de acordo com Mateus, esses homens eram nada menos que os maiores obstáculos para o ministério público de Jesus. O ódio deles por ele era tão profundo que repetidamente planejaram como matá-lo (12.14; 21.46; 22.15).

O objetivo de falar sobre os fariseus é, em parte, mostrar que a obediência desobediente é um problema recorrente em Mateus, mas também constatarmos que, em Mateus 19—20, há um pouco de fariseu até mesmo nos seguidores mais dedicados de Jesus. O maior perigo para os seguidores de Cristo não é o modo como fracassam com ele, mas a forma como têm êxito. Fracassados, como vamos ver mais adiante em nossa discussão em Lucas, são precisamente o tipo de pessoas que Deus está procurando, pois fracassados instintivamente entendem como abrir as janelas do coração para deixar a ajuda entrar. Aqueles que acham que alcançaram o sucesso na vida invariavelmente se voltam para si mesmos em autoconfiança satisfeita.

Prostitutas penitentes entram no céu antes de virgens orgulhosas (21.31).

É por isso que Jonathan Edwards escreveu seu famoso tratado sobre *Afeições religiosas*. Logo depois de um avivamento local (1734-1735) e depois no avivamento transatlântico conhecido hoje como Grande Avivamento (1740-1742), Edwards crescentemente via a necessidade de distinguir quem fora autenticamente tocado pelo Espírito de Deus e quem *parecia* demonstrar uma experiência espiritual autêntica, mas ainda não fora verdadeiramente tocado por Deus. *Afeições religiosas* é uma reflexão firme sobre esse tipo desafiador de discernimento. O que é marcante é que, nesse tratado, Edwards não está comparando pessoas desobedientes e obedientes. Ele está olhando para dois tipos diferentes de retidão. Ambos zelosamente cantam louvores a Deus, contam para outros sobre sua salvação e citam a Bíblia, mas, para alguns, isso está embasado no amor-próprio, não no amor por Cristo. Edwards não está distinguindo entre pessoas imorais e morais, mas entre pessoas artificialmente morais e autenticamente morais.[5]

---

[5] Geerhardus Vos faz o mesmo contraste em seu artigo de 1903, "The alleged legalism in Paul's doctrine of justification", in: *Redemptive history and biblical interpretation*, org. por Richard Gaffin (Phillipsburg: P&R, 1980), p. 396. Veja também Gerhard O. Forde, *Justification by faith*: *a matter of death and life* (Philadelphia: Fortress, 1982) p. 22-35, 51, 53, 85,86; Gerhard O. Forde, *On being a theologian of the cross*: *reflections on Luther's Heidelberg disputation*, 1518 (Grand Rapids: Eerdmans, 1997), p. 26-7.

Um tema recorrente em Mateus

O contraste chocante é encontrado ao longo de Mateus, como no Sermão do Monte em Mateus 5—7. Ao contrário do que esperamos, Jesus não contrasta entre quem claramente rejeita a vontade de Deus e quem se submete à vontade de Deus. Em vez disso, ele contrasta entre quem obedece a Deus para ser visto pelos outros e quem obedece a Deus por amor a ele.[6] Jesus alerta aos discípulos não sobre o perigo de falhar em praticar a retidão, mas sobre o perigo de praticar a retidão diante dos outros. A dimensão paradoxal do Sermão do Monte é discutida agudamente por Adolf Schlatter em seu panorama da teologia do Novo Testamento. Em uma parte impressionante intitulada "O arrependimento dos piedosos", Schlatter nos relembra da surpreendente natureza do público com quem Jesus estava falando:

> Jesus declarou o Sermão do Monte contra quem condenava o assassinato e evitava o adultério como pecado, não contra quem assassinava e seguia todas as suas luxúrias... contra quem amava o amigo, não contra os egoístas que apenas amavam a si mesmos; contra quem era doador solícito, e jejuava, e orava, não contra quem se negava a fazer essas coisas.[7]

---

[6] J. C. Ryle, *Ryle's expository thoughts on the gospels: Matthew* (Grand Rapids: Zondervan) p. 47; Schlatter, *History of the Christ.* p. 149-52.

[7] Schlatter, *History of the Christ.* p. 149-50.

Jesus não estava pregando para o perigosamente imoral, mas para o perigosamente moral. Schlatter escreve mais adiante que "Jesus não chamou os piedosos ao arrependimento apenas porque rejeitava seus pecados, mas também porque condenava a retidão deles."[8]

O problema desconcertante da obediência desobediente é visto não somente no Sermão do Monte, mas também nas interações de Jesus com seus seguidores declarados (Mateus 18—20) e em seus embates contra os líderes religiosos do seu tempo (Mateus 12 e 23).

O tipo de obediência desobediente que vimos em Mateus não é, contudo, um fenômeno do primeiro século. Não apenas o jovem rico, Pedro e os trabalhadores contratados mais cedo, mas você e eu também temos um fariseu dentro de nós. Ele não irá embora com uma vida severamente zelosa; esse é o tipo de coisa que alimenta o fariseu interior. A obediência crua é tão capaz de arrancar nossas tendências moralistas quanto colocar fertilizante nas ervas daninhas no quintal é capaz de matá-las.

---

[8] Ibidem., p.150.

3

RESPOSTA DO CORAÇÃO

Então, como obtemos o impacto do evangelho em nossa vida? O que faremos se, como um teólogo fala, "religião e irreligião são igualmente inúteis"?[1] Como viveremos uma vida preenchida pelo evangelho diante de tamanha resistência interna? Da mesma forma como nos livramos de ervas daninhas: nós as arrancamos com raízes e tudo, ou seja, incluindo o que está abaixo da superfície. Quatro lembretes em particular nos ajudarão.

Obediência: metodo ou objetivo?

Primeiro, devemos ver a obediência não como um método, mas como um objetivo. O que quero dizer é o seguinte: o jovem rico via sua obediência à lei como um método para o objetivo que era merecer a vida eterna. Pedro via seu

---

[1] Robert W. Jenson, *America's theologian: a recommendation of Jonathan Edwards* (Oxford: Oxford University Press, 1992) p. 64; veja também p. 82,83.

sacrifício como um método para o objetivo da recompensa maior. Os trabalhadores do dia inteiro na parábola de Jesus viam o trabalho deles como um método para o objetivo de merecer um salário. Todos presumiam que a obediência era o método para um objetivo, fracassando em perceber que a obediência — a obediência verdadeira, de coração — é a própria recompensa. Amar a Deus de todo o coração não é uma estrada para algum outro destino.[2]

Obedecer a Deus "de coração" (Romanos 6.17) — isto é, amar, adorar e desfrutar dele, alimentando-se dele como o fogo se alimenta de oxigênio — é um fim em si mesmo. É a própria recompensa porque a obediência mais forte nutre comunhão mais profunda com Deus. Como o próprio Deus é o combustível com o qual fomos feitos para funcionar, tal comunhão é a alegria mais profunda e sólida que podemos conhecer.

Crescimento no evangelho

Em segundo lugar, o crescimento progressivo em santidade é energizado não por se graduar no evangelho da livre graça de Deus, mas por refletir mais profundamente sobre o mesmo evangelho que nos cativou da primeira vez.[3]

---

[2] Christian Smith discute a prevalência dessa visão "instrumental" da religião entre jovens em *Soul searching: the religious and spiritual lives of american teenagers* (New York: Oxford University Press, 2005), p. 147-54.

[3] Veja Berkouwer, *Faith and sanctification*. p. 64, 77,78, 84, 93, 96, 193; também J. Gresham Machen, *What is faith?* (London: Hodder & Stoughton, 1925) p. 153; William E. Hulme *Counseling and theology* (Philadelphia: Fortress, 1956), p.179-80, 184, 193-94; Jerry Bridges, *The*

Pergunto se, em algum ponto da sua jornada de fé, você ficou sob efeito de uma imagem artificial da vida cristã. Talvez você tenha sido ensinado (como eu fui) que o evangelho é o que nos une com Deus, e que, quando essa união é estabelecida, então "avançamos" para o discipulado: tempos devocionais fervorosos, evangelização de forma regular, envolvimento zeloso com a igreja, contribuição fiel de dízimos. A mensagem do evangelho de que "Cristo morreu pelos nossos pecados" (1Coríntios 15.3) nos apresenta ao cristianismo e depois vai, quanto à relevância, para o plano de fundo. Ou talvez você tenha sido ensinado que deveríamos continuar com o evangelho, mas, de alguma forma, o fogo dele queima com menos brilho do que antes em nosso coração e mente.

O problema é que avançar ou se afastar do evangelho é precisamente o oposto de como o Novo Testamento retrata a vida cristã. O retrato do discipulado ilustrado pelo Novo Testamento é que nossa primeira descoberta do evangelho é a inauguração de uma vida inteira de crescente

discipline of grace: God's role and our role in the pursuit of holiness (Colorado Spring: NavPress, 1994) p. 29-93; Jerry Bridges, The gospel for real life (Colorado Spring: NavPress, 2002), p. 173-83; C. J. Mahaney, Living the cross centered life (Sisters: Multnomah, 2006), p. 17-20, 147-56; Bryan Chapell, "The necessity of preaching grace for progress in sanctification", in: All for Jesus: a celebration of the 50th anniversary of covenant theological seminary, org. por Sean Michael Lucas; Robert Peterson (Fearn: Christian Focus, 2006) p. 47-60; Dennis E. Johnson, Him we proclaim: preaching Christ from all the Scriptures (Phillipsburg: Presbyterian & Reformed, 2007), p. 41-43, 55-57; Stephen Smallman, The walk: steps for new and renewed followers of Jesus (Phillipsburg: Presbyterian & Reformed, 2009), p. 69-81, 215-16.

encanto maravilhado diante dessa graça. O evangelho não é a pista de decolagem para a vida cristã, levantando-nos do chão quando nos convertemos e nos fazendo aterrissar no céu quando morremos, mas irrelevante no ínterim. O evangelho é o motor, levantando-nos do chão, fazendo-nos aterrissar e nos mantendo no ar o caminho todo. Ao confrontar o favoritismo racista de Pedro, Paulo escreveu não que Pedro precisava cultivar estratégias mais efetivas de discipulado, mas que ele não estava agindo "corretamente, conforme a verdade do evangelho" (Gálatas 2.14). Pedro era crente? Claro. Entretanto, ele precisava continuar crescendo em sua reflexão sobre o evangelho e viver de acordo com ele. "A verdade do evangelho" ainda estava se assentando.

O discipulado cristão não é o processo de entrar pela graça e depois tornar-se cada vez menos dependente dessa graça. Ao contrário, é tornar-se *mais* dependente da graça. O motor da santificação saudável (o aumento de santidade) é a consciência crescente da justificação (a declaração de absolvição).[4] Nosso crescimento não alimenta nosso estado; nosso estado alimenta nosso crescimento. Quando uma lagarta recebe asas ao se desenvolver para virar uma borboleta, ela não fica menos dependente das asas. Ela fica cada

---

[4] Veja Martyn Lloyd-Jones, *Spiritual depression: its causes and cure* (Grand Rapids: Eerdmans, 1965) p. 25; Hulme, *Counseling and theology*. p. 180; Dane C. Ortlund "Sanctification by justification: the forgotten insight of Bavinck and Berkouwer on progressive sanctification", *Scottish Bulletin of Evangelical Theology 28*, 2010. p. 43-61.

vez mais dependente, aprendendo a usá-las cada vez mais. Paulo exorta os colossenses para que "permaneceis na fé, fundamentados e firmes, sem vos afastar da esperança do evangelho que ouvistes" (Colossenses 1.23; comparar com Colossenses 2.5,6).

Embora Pedro fosse, às vezes, lento para entender esse "crescimento do evangelho" durante o ministério de Jesus (Mateus 19), e até cerca de vinte anos depois (Gálatas 2.14), ele ainda viria a compreender verdadeiramente e ser transformado pelo evangelho. Perto do fim da vida, o ex-pescador relembrou seus irmãos de que o "divino poder [de Jesus] nos tem dado tudo que diz respeito à vida e à piedade" (2Pedro 1.3). Deus provê tudo de que precisamos, não apenas para ingressarmos no reino, mas também para a vida e piedade depois disso. Alguns versículos adiante, depois de descrever uma lista de virtudes do cristão saudável, Pedro dá um princípio subjacente para como tal crescimento acontece: "Pois aquele em quem essas coisas não existem está cego, vê somente o que está perto, tendo-se esquecido da purificação dos seus antigos pecados" (2Pedro 1.9). A estagnação espiritual é resultado de se *esquecer* do evangelho que nos trouxe para o reino. O crescimento espiritual e o cultivo de virtudes são resultados de se *lembrar* do evangelho. A graça perdoadora não é um bilhete de entrada, que pode ser rasgado depois; ela é o ar puro que agora respiramos, para ser desfrutado para sempre. O teólogo holandês

Herman Bavinck escreveu que "o evangelho é o alimento da fé e deve ser conhecido para servir de nutrição."[5]

Tudo isso não é para negar os frutos essenciais que devem nascer na vida de um crente genuíno, tampouco trata-se da tremenda luta pessoal que estará envolvida na santificação (1Coríntios 15.10; Filipenses 2.12-13; Colossenses 1.29). O crescimento cristão é um processo, e os discípulos de Jesus ou serão gradualmente conformados à imagem de Cristo (Romanos 8.29), ou provarão que não são, afinal, discípulos verdadeiros (Mateus 3.8; 7.19,22,23; João 15.1,2; Tiago 3.11,12). A vida cristã frequentemente vai parecer como dois passos para frente e três para trás.

Mas o caminho pelo qual o crescimento acontece não é, essencialmente, redobrando esforços morais, escrevendo novas resoluções e intensificando disciplinas espirituais. O método fundamental de mudança é a reflexão cada vez mais profunda sobre o evangelho que nos resgatou no início. Isso parece retrocesso, mas o caminho para a santidade é através da (e não indo além da) graça do evangelho, pois somente graça imerecida pode verdadeiramente derreter e transformar o coração. A desobediência não é curada com a obediência. A moralidade pode reformar a imoralidade, mas nunca a transformar. A imoralidade será transformada apenas pela livre graça de Deus, graça tão livre que vai ser mal interpretada por alguns como uma licença para pecar

---

[5]   Herman Bavinck, *Reformed dogmatics* org. por John Bolt trad. para o inglês por John Vriend (Grand Rapids: Baker, 4 volumes, 2003–2008), Volume 4, p. 96; veja também volume 3, p. 528; volume 4, p. 245, 248, 257.

com impunidade (veja Romanos 5.20—6.1). A rota pela qual o Novo Testamento exorta à obediência radical não é pelo racionamento da graça, mas sim por expô-la completamente, de forma mais profunda.

Moralidade: "o maior inimigo"

Então o que é esse evangelho pelo qual não somos apenas colocados na família de Deus, mas sobre o qual refletimos mais profundamente durante nossa vida inteira? Isso nos leva ao terceiro lembrete. Aqui, voltamos a uma verdade brevemente abordada em nossas observações da parábola de Jesus em Mateus 20, na qual desenterramos a dimensão contraintuitiva do evangelho ao dizermos que: no reino de Deus, a única coisa que nos *qualifica* é sabermos que não nos qualificamos e a única coisa que nos *desqualifica* é pensarmos que nos qualificamos. Em outras palavras, tudo de que precisamos é saber a nossa necessidade e, em poucas palavras, a única coisa que temos a oferecer é a seguinte afirmação: "Não tenho nada a oferecer".

Martinho Lutero, o reformador do século 16, escreveu:

> A graça é dada livremente para quem não tem méritos e para quem menos merece, e não é obtida por quaisquer esforços, diligências ou obras, sejam pequenas ou grandes, mesmo que venham do melhor e mais virtuoso dos homens, ainda que busque e persiga a retidão com zelo fervente.[6]

---

[6] Martinho Lutero, *The bondage of the will*, in: *Luther's works*, org. por Philip S. Watson (Philadelphia: Fortress, 55 volumes, 1972), Volume 33, p. 318. Lutero está comentando acerca de Romanos 9.30.

Não apenas nosso fervente zelo moral *não* contribui para nossa situação diante de Deus, mas ele pode efetivamente nos cegar com respeito ao nosso estado espiritual. Edwards escreveu que "não há nada que pertença à experiência cristã que seja mais suscetível a uma mistura corrupta do que o zelo."[7] Talvez seja por isso que, mais de uma vez no Evangelho de Mateus, Jesus tenha chamado os líderes mais eticamente diligentes dos seus dias de "guias cegos" (15.14; 23.16,24). Paulo viu isso em seus companheiros judeus, pois orou pela salvação deles (Romanos 10.1), apesar de reconhecer "que eles têm zelo por Deus" (Romanos 10.2).

O cristianismo é o oposto de religião. Ele vira de ponta-cabeça nossos instintos religiosos. A parábola de Jesus não é uma tentativa de nos mostrar qual religião é a correta; o objetivo dela é nos mostrar que religiões em si não são a resposta. O apóstolo Paulo olhou para uma vida de religião sincera e a chamou não somente de inútil, mas de "perda" (Filipenses 3.17).[8]

---

[7] Jonathan Edwards, "Some thoughts concerning the revival", in: *The works of Jonathan Edwards*, org. por C. C. Goen (New Haven: Yale University Press, 1972) Volume 4, p. 460. O perigo sutil do zelo religioso é um tema recorrente em Edwards. Veja, por exemplo, "Distinguishing marks of a work of the Spirit of God", in: *Works of Jonathan Edwards*, volume 4, p. 243, 287; *Some thoughts concerning the revival*, p. 318-20, 429-30, 468.

[8] Robert Jenson escreve: "É um fato fundamental e esquecido sobre a herança cristã americana: o avivamento não era, em seu início, um meio para promover a religião; era o surpreendente resultado de uma *crítica* à religião", sendo a religião "aquela autoafirmação que presume

Os antigos gregos nos aconselharam a sermos moderados por conhecermos nossas inclinações. Os romanos nos aconselharam a sermos fortes ordenando nossa vida. O budismo nos aconselha a abandonarmos as ilusões aniquilando a nossa consciência. O hinduísmo nos aconselha a sermos absorvidos pela fusão de nossa alma. O islamismo nos aconselha a sermos submissos sujeitando nossos desejos. O agnosticismo nos aconselha a ficarmos em paz ignorando nossas dúvidas. O moralismo nos aconselha a sermos bons cumprindo nossas obrigações. Somente o evangelho nos fala para sermos livres por reconhecermos nosso fracasso.[9] O cristianismo é o oposto da religião porque é a única fé cujo fundador nos fala para trazermos não nossas obras, mas nossa necessidade.

Nossas intuições naturais sussurram para nós que a forma de evitar a desobediência é a obediência. Mas como é fácil negligenciar o fato de que pode ser precisamente nossa obediência fraudulenta que nos impede de viver, como Paulo falou, "conforme a verdade do evangelho" (Gálatas 2.14). Nós frequentemente ouvimos em nossas igrejas sobre o perigo da desobediência que resiste à graça. Raramente ouvimos sobre o perigo da obediência que se esquece da graça.

---

ser justificada por outra forma além da fé" (*America's theologian*, p. 63; ênfase no original).

[9] Eu devo várias dessas distinções a Sam Shoemaker, *Extraordinary living for ordinary men* (Grand Rapids: Zondervan, 1965), p. 31.

Martyn Lloyd-Jones, o pregador britânico do século 20, pregou corretamente em 1959 que não é a imoralidade, mas a moralidade que é "o maior inimigo do cristianismo."[10] Jesus não veio para começar uma nova religião. Ele não veio para oferecer a melhor religião de todas. Ele veio para acabar com toda religião. O *ethos* religioso atualmente inalado pelos ocidentais contemporâneos, de ser legal e seguir regras o suficiente para agradar a Deus e aos outros (o que o sociólogo Christian Smith chamou de "deísmo moralista terapêutico") não poderia estar mais distante do evangelho.[11]

O cristianismo do "seja bom" não está errado da mesma forma como um artista pintando uma árvore do outro lado da rua estaria errado se ignorasse um dos galhos; ele está errado da mesma forma como se esse artista fosse contratado para pintar a árvore, e, em vez disso, derrubasse-a. O cristianismo moralista não é o cristianismo incompleto; é anticristianismo.

"Os últimos serão os primeiros." Quem reconhece sua necessidade, quem candidamente admite que é o "último", independentemente de quando foi contratado, é quem, estranhamente, se torna o primeiro. E quem se vê como "primeiro" é quem resmunga (Mateus 20.11) por toda esta vida e acaba em último lugar aos olhos de Deus.

---

[10] Martyn Lloyd-Jones, *Life in the Spirit in marriage, home and work: an exposition of Ephesians 5:18 to 6:9* (Grand Rapids: Baker, 1973) p. 19.

[11] Smith, *Soul searching*. p. 162-3.

Obediência de coração

Então o pecado não é o problema. O pecado expõe nossa necessidade pela cruz. A "obediência" mecanizada que é o problema. Por quê? Porque a obediência zelosamente resoluta naturalmente impede que vejamos nossa necessidade da cruz. "Deus não é hostil a pecadores, somente a descrentes", escreveu Lutero.[12]

Certamente, um seguidor de Cristo que não o obedece simplesmente não é um seguidor de Cristo. Por favor, escutem-me: *cristãos, obedeçam*.

Mas nós obedecemos "de coração" (Romanos 6.17), não para conquistar o amor de Deus por nós, mas à luz do amor de Deus por nós (2Coríntios 5.14; Efésios 5.2; 1João 3.16). Deus nos aprovar é algo refletido, e não reforçado, pelas nossas decisões morais. Devemos nos lembrar de que Jesus não era, essencialmente, um sábio, mas um arauto. Um sábio proclama a sabedoria de uma vida saudável, falando-nos o que fazer. Um arauto proclama notícias de vitórias, falando-nos o que foi feito.[13]

Minha família e eu moramos em uma parte dos EUA onde porões inundados são um problema perene devido ao solo pantanoso sobre o qual os subúrbios ocidentais de Chicago foram construídos. O que ocorreu conosco em uma dessas inundações foi o que acontece com frequência:

---

[12] Martinho Lutero, *Luther's works*. Volume 44, p. 64.

[13] Veja J. Gresham Machen, "What is the gospel?" in: J. Gresham Machen, *Selected shorter writings*, org. por D. G. Hart (Phillipsburg: Presbyterian & Reformed, 2004), p. 126-9.

os ramos das raízes de uma árvore grande no nosso jardim da frente enrolaram-se no cano principal que vão da nossa casa para a rede de esgoto. Quando esses tentáculos imensamente fortes começam a sentir a umidade do cano, eles lentamente entram na tubulação, preenchendo, por fim, o cano com raízes e impedindo qualquer possibilidade de a água fluir.

Cada impulso de autorreflexão moral em nosso coração, cada pensamento orgulhoso sobre nossa própria bondade, cada consideração de autossatisfação sobre termos deixado tudo para seguirmos Jesus, cada lembrança de que "suportamos a fadiga do dia inteiro e o calor intenso" (20.12) é mais uma raiz entupindo o cano do nosso coração através do qual o perdão e a alegria de Deus fluem. Até mesmo uma coisa sutil como a gratidão de que eu não sou um fariseu pode imediatamente tornar-me um deles, já que estou comparando meu pecado com o pecado de outrem, em vez de compará-lo com a santidade de Deus, diante de quem todas as alegações de conquistas morais se desfazem.[14] Admitirmos que temos um fariseu em nosso coração, por outro lado, é expor o moralismo, trazê-lo à luz e abrir as comportas da cura.

Este é o paradoxo do evangelho. Então, como alguns já sabiamente falaram, não há dois tipos de pessoas — as boas e as más, as obedientes e as desobedientes —, mas

---

[14] Como escrito por Lutero, *Luther's works*. Volume 51, p. 17; Machen, *What is faith?* p. 80.

"três tipos de homens."[15] Em Cristo, Deus oferta um terceiro tipo de vida que não exclui as regras, nem mesmo as guarda. Essa vida não está mais preocupada com regras.

A fundação

A última e suprema pergunta, então, é: como isso se dá?

Como pode ser que você e eu nos tornamos herdeiros do mundo, perfeitamente aprovados diante de um Deus que odeia o pecado, amarrados a esse grande plano de endireitar um mundo torto, somente por admitirmos que não somos dignos? Aqui, chegamos ao quarto e último lembrete. O que falamos até aqui nesta primeira parte, sobre qualificar-se simplesmente por se recusar a tentar se qualificar pelos próprios esforços, destruiria o tecido moral do universo de Deus? Isso não é simplesmente chamar o bom de mau e o mau de bom? Que tal manter algum sentido de certo e errado? No meio de toda essa conversa sobre Deus aceitar o ímpio contanto que ele confesse seu fracasso, onde fica a *ira* de Deus sobre os ímpios?

---

[15] A frase é usada para o mesmo propósito essencial por F. B. Meyer, *The directory of the devout life* (London: Morgan & Scott, 1904), p. 148-53. Assim como C. S. Lewis, "Three kinds of men" in: *Present concerns* (London: Fount, 1986), p. 21,22. As três categorias de vida de Søren Kierkegaard são similares: estética (viver egoisticamente para o próprio prazer), ética (viver relutantemente de acordo com uma norma moral externa) e religiosa (viver pela fé em feliz desapego). Veja Clare Carlisle, *Kierkegaard: a guide for the perplexed* (London: Continuum, 2007), p. 77-83. Perceba que o uso de Kierkegaard da palavra "religião" é o exato oposto de como eu estou usando a palavra.

A resposta para essa objeção é a fundação para toda a nossa reflexão sobre a obediência desobediente do Evangelho de Mateus.

Em uma pequena colina fora de Jerusalém, onde ladrõezinhos eram pendurados nus em cruzes para sofrerem uma morte excruciante, Jesus Cristo, enviado pelo Pai para um propósito específico, determinado antes do início do mundo, se entregou para ser morto. Naquela colina, Deus derramou toda sua ira santa sobre seu amado Filho. Esse evento histórico é o que mantém o tecido moral do universo, a fim de que você e eu possamos ser aprovados diante de Deus simplesmente por admitirmos que não deveríamos ser aprovados.

Assim como a cruz é a fundação para tudo que foi dito aqui, ela também aparece no exato ponto onde paramos no Evangelho de Mateus. Depois de contar aos discípulos a parábola dos trabalhadores na vinha, Jesus lhes dá a razão fundamental de *por que* o proprietário generoso conseguir ser cada vez mais bondoso com os arranjos contratuais feitos com cada trabalhador:

> Subindo para Jerusalém, Jesus chamou os Doze em particular e no caminho lhes disse: Estamos subindo para Jerusalém, onde o Filho do homem será entregue aos principais sacerdotes e aos escribas, e eles o condenarão à morte e o entregarão aos gentios para que zombem dele, o açoitem e o crucifiquem; mas ao terceiro dia ele ressuscitará (Mateus 20.17-19).

Jesus morreu. Essa é a maior surpresa de todas. Na cruz, a única pessoa que verdadeiramente se qualificava se permitiu ser desqualificado para que você e eu, naturalmente desqualificados, pudéssemos nos qualificar, sem pagarmos nada. E o evangelho é o feliz convite não para trocarmos nossa maldade para sermos bons, nem para trocarmos nossa bondade para sermos melhores. O evangelho nos convida para trocarmos nossa maldade *assim como* nossa bondade para sermos livres. A oferta do cristianismo não é para nos tornarmos fariseus. É um convite para reconhecermos o fariseu que já está aqui dentro de nós e para deixarmos de lado nossos sutis esforços para agradarmos a Deus e os outros pelos nossos próprios métodos.

Jesus morreu e, portanto, todo o mal que podemos fazer jamais afastará o amor de Deus, mas todo o bem que podemos fazer jamais poderá ganhar o amor de Deus. Jesus Cristo é a única pessoa a andar na Terra que verdadeiramente mereceu ser o primeiro, mas ele se tornou o último para que quem não faz nada além de reconhecer que é o último possa ser o primeiro. Para voltarmos uma última vez às quatro passagens de Mateus 19-20:

- A reação dos discípulos às crianças em 19.13-15 nos lembra de que podemos ter a atenção total de Deus sem estarmos qualificados pela nossa idade ou por outros pré-requisitos sociais porque, na cruz, Jesus se permitiu ser desqualificado em nosso favor, ser rejeitado não apenas por seus discípulos ou até pelas autoridades religiosas, mas pelo seu próprio Pai;

- O jovem rico (19.16-22) nos ensina que podemos ter a vida eterna sem nos qualificarmos pelo cumprimento da lei porque, na cruz, Jesus sofreu o inferno, apesar de ter vivido a única vida que merecia o céu e de ter sido a única pessoa que pode verdadeiramente dizer "Tenho obedecido a tudo isso";

- Os pressupostos equivocados de Pedro e os discípulos em 19.23-30 nos mostram que podemos ter uma recompensa sem nos qualificarmos pelo sacrifício porque, na cruz, Jesus fez o sacrifício supremo, o que significa que podemos receber livremente a recompensa suprema;

- Os trabalhadores que foram contratados por último (20.1-16) nos ensinam que podemos ter o pagamento de um dia inteiro de trabalho sem nos qualificarmos por trabalharmos comparativamente mais que os outros porque Jesus trabalhou o dia inteiro, suportando "a fadiga do dia inteiro" e depois, na cruz, foi lhe negado qualquer pagamento.

Com Jesus, a moralidade não é o que pensamos ser. Porque ele morreu e ressuscitou, nossa desobediência pode ser compensada não pelos nossos esforços, mas por recebermos os esforços dele em sua fé, pela qual se esvaziou de si mesmo. Se tentarmos usar nossa obediência como algum tipo de compensação, ela se torna desobediência.

Isso é surpreendente. Os discípulos foram lentos para compreender o conceito, assim como você e eu. Contudo, Jesus, até mesmo por isso, morreu. Ele cuidou de tudo. Somos livres para sermos completa e irreversivelmente perdoados. Reconheça que você não merece, olhe para ele, e você estará incluído.

SEGUNDA

parte

MARCOS

a surpresa do rei
como um criminoso

SEGUNDA

parte

MARCOS

a surpresa do fel

como um criminoso

4

A SURPRESA DA MISSÃO
DE JESUS

"Tudo sobre Deus é tão completamente diferente do que pensávamos ou temíamos", escreveu o teólogo alemão Helmut Thielicke meio século atrás.[1] Isso é precisamente o que encontramos em cada um dos quatro Evangelhos. Cada registro, à sua própria maneira, desmente nossas intuições naturais e conformadas sobre quem Jesus é e o que significa ser discípulo dele.

A surpresa mais profunda presente no tecido do Evangelho de Marcos não está, primariamente, no âmbito do que significa ser um seguidor de Jesus verdadeiramente obediente, mas trata do próprio Jesus (embora os dois estejam ligados, como veremos). A *definição de moralidade* de Jesus é contraintuitiva em Mateus; a *própria missão* de Jesus é contraintuitiva em Marcos, pois em Marcos vemos mais claramente a

---

[1]   Helmut Thielicke, *The waiting Father: sermons on the parables of Jesus*, trad. para o inglês por John W. Doberstein (New York: Harper & Row, 1959) p.29.

surpresa do rei sendo tratado como um criminoso, ou, como Jonathan Edwards colocou, o leão sendo tratado como um cordeiro sacrificial. Contudo, através de seu sacrifício como um cordeiro, Cristo se mostra como o maior dos leões.

> Cristo seria como [...] um leão e um cordeiro. Como um cordeiro nas mãos dos seus cruéis inimigos; como um cordeiro nas patas e entre as mandíbulas devoradoras de um leão que ruge; sim, ele foi um cordeiro de fato morto por esse leão. Mas, ao mesmo tempo, como o Leão da tribo de Judá, ele derrota e triunfa sobre Satanás, destruindo o próprio devorador.[2]

Veremos essa conjunção chocante da maior majestade com o destino mais desprezível ao pegarmos uma passagem de Marcos e a lermos com o contexto do Evangelho como um todo em mente. A passagem na qual focaremos é Marcos 8.22-38. Quando chegarmos ao Evangelho de João, vamos concentrar nossa atenção no próprio Jesus, mas lá o foco será em *quem Jesus é* (a pessoa dele); aqui em Marcos, o foco será *no que Jesus fez* (a sua obra).

O régio Filho do Homem

O Evangelho de Marcos se encaixa facilmente em duas metades. A primeira (1.1—8:30) mostra-nos Jesus, o Rei.

---

[2] Jonathan Edwards, "The excellency of Christ" in: *Sermons and discourses, 1734–1738, The works of Jonathan Edwards*. Volume 19, org. por M. X. Lesser (New Haven: Yale University Press, 2001), p. 580. G. K. Chesterton, à sua maneira inimitável, escreve sobre a combinação paradoxal de metáforas sobre leão e cordeiro no cristianismo (*Orthodoxy*, [New York: John Lane, 1908] p. 180-1).

A segunda (8.31—16.8) mostra-nos Jesus aproximando-se rapidamente do destino de um criminoso. O ponto no qual essa transição acontece é em Marcos 8.22-38.

Para começar, vamos ser claros sobre a forma como a primeira metade de Marcos retrata Jesus como um rei. Como vemos isso? De duas formas: primeira, pela forma como Jesus se refere a si mesmo; e segunda, pela forma como Marcos estrutura o fluxo mais amplo de sua narrativa.

Primeiramente, considere *a forma como Jesus se refere a si mesmo*. De longe, o título mais comum que Jesus toma para si mesmo é "Filho do Homem". Ele é visto treze vezes em Marcos, incluindo uma vez no fim da passagem na qual estamos focando (8.38). Qual é o significado de Jesus se referindo a si mesmo dessa forma? Frequentemente, presume-se que o título destaca a humanidade de Jesus: ele é um filho de homem no sentido de que ele é um humano real de carne e osso. Isso certamente pode ser entendido. Afinal, as Escrituras frequentemente usam a expressão "filho do homem" para se referir a alguém que é um mero mortal (por exemplo, Salmos 8.4; Ezequiel 2.1).

Centralmente, contudo, nos lábios de Jesus nos Evangelhos, o título "Filho do Homem" significa quase o exato oposto. Estudiosos geralmente concordam que Jesus suscita esse título de Daniel 7. Aqui, lemos uma visão dada a Daniel, na qual ele descreve:

> Continuei olhando até que foram postos uns tronos, e um ancião bem idoso se assentou; a sua veste era branca como a neve, e o cabelo da sua cabeça como lã puríssima;

o seu trono era de chamas de fogo, e as rodas dele eram fogo ardente. Um rio de fogo manava e saía de diante dele; milhares de milhares o serviam, e milhares de milhares estavam diante dele. Ele se assentou para julgar, e os livros foram abertos [...]

Eu estava olhando nas minhas visões noturnas e vi que alguém parecido com filho de homem vinha nas nuvens do céu. Ele se dirigiu ao ancião bem idoso e a ele foi levado. E foi-lhe dado domínio, e glória, e um reino, para que todos os povos, nações e línguas o servissem; o seu domínio é um domínio eterno, que não passará, e o seu reino é tal que não será destruído (Daniel 7.9-10, 13-14).

Jesus provavelmente tem Daniel 7 em mente quando se refere a si mesmo como o Filho do Homem porque, em outro momento, ele remete a outros elementos de Daniel 7 quando se refere a si mesmo com esse título. Por exemplo, em Marcos 13.26, Jesus fala aos discípulos que "o Filho do Homem será visto vindo nas nuvens, com grande poder e glória" (compare com Mateus 24.30). Em Marcos 14.62, similarmente, o sumo sacerdote pergunta a Jesus se ele é o Messias.[3] Jesus responde: "Eu sou. E vereis o Filho do Homem assentado à direita do Poderoso, vindo com as nuvens do céu" (compare com Mateus 26.64). Em tais passagens, enquanto se refere a si mesmo como o Filho do Homem, Jesus também resgata outras expressões de Daniel 7.

O que é impressionante notar em tudo isso é que esse filho do homem, na visão de Daniel, não é um mero mortal.

---

[3] Marcos 14.61 usa a palavra "Cristo" (*Christos*), o equivalente em grego ao termo *Meshiach*, em hebraico.

Ele é rei, um rei tão régio que possui marcas do divino. Por um lado, o filho do homem é apresentado *ao* Ancião de Dias (Deus), indicando que o filho do homem é diferente do Ancião de Dias. Mesmo assim, esse filho do homem recebe o que somente pode ser dado para quem é divino: "domínio, e glória... para que todos os povos, nações e línguas o servissem" (Daniel 7.14). Além disso, em Marcos 8.38, Jesus fala sobre o Filho do Homem vindo "na glória de seu Pai", então, evidentemente, o Filho do Homem é também o Filho de Deus.[4] Além disso, seu reinado durará para sempre: "o seu domínio é um domínio eterno, que não passará" (Daniel 7.14). Nenhum mero rei humano poderá reinar para sempre.

Então, quando lemos em Marcos que o "Filho do Homem tem autoridade para perdoar pecados na terra" (2.10), ou que "Filho do Homem é Senhor até mesmo do sábado" (2.28), estamos vendo Jesus identificar a si mesmo como o governante aguardado, como a esperança das expectativas dos judeus, como o rei cuja identidade sussurra nada menos que o divino.[5]

---

[4] Veja o prolongado tratamento de Seyoon Kim sobre isso em "The 'Son of Man' as the Son of God" (*WUNT 30*; Tübingen: Mohr Siebeck, 1983); sobre Marcos 8:38, veja a página 1. Para um panorama de Marcos mais acessível, veja a útil introdução por Joel F. Williams, in: *What the New Testament authors really cared about*: a survey of their writings, org. por Kenneth Berding; Matt Williams (Grand Rapids: Kregel, 2008) p. 44-57.

[5] Veja Douglas W. Kinnard, *Messiah Jesus*: *christology in his day and ours* (New York: Peter Lang, 2008) p. 401,402.

Quando o Messias viesse, a tirania acabaria. Não haveria mais opressão romana, não haveria mais sacrifícios pagãos forçados. Tudo seria restabelecido. Israel ganharia de novo seu lugar como a nação escolhida de Deus, para a qual todos os povos da terra fluiriam (Isaías 2.2-4; Miqueias 4.1,2).

Retrato de um rei

O estado régio de Jesus é visto ainda mais claramente quando damos um passo para trás e consideramos o fluxo mais amplo da narrativa no Evangelho de Marcos e da forma como ele se encaixa perfeitamente em duas metades. A primeira metade em particular (1.1—8.30) estabelece Jesus como o rei há muito aguardado, o Messias, e faz isso de forma que não é particularmente surpreendente. Ele é bem recebido. E por que não seria? Ele é o libertador esperado há tempos.

Passando rapidamente pelos oito capítulos de abertura, encontramos, desdobrando-se rapidamente, um registro sobre o ministério de Jesus com um retrato consistentemente (talvez até unicamente) brilhante de Jesus, seu ministério e sua aceitação pelas massas.

- O primeiro versículo do livro anuncia que Jesus Cristo é "o Filho de Deus" (1.1); embora isso talvez se refira à divindade de Jesus, o título primariamente se refere ao governante esperado da linhagem de Davi, o Messias, que destruiria os inimigos de Israel e reinaria para sempre sobre o trono de Davi.[6] Jesus é, sobretudo, chamado aqui de "Cristo", uma palavra grega que significa "ungido", o Rei-Messias;

- João Batista, o mais famoso e poderoso pregador daquele tempo ("Todos os da terra da Judeia e todos os moradores de Jerusalém dirigiam-se a ele", 1.5), prepara o caminho para Jesus dizendo que "Depois de mim vem aquele que é mais poderoso do que eu" (1.7);

- O próprio Deus Pai ressalta o estado exaltado de Jesus algumas linhas depois quando Jesus é batizado: "Tu és o meu Filho amado; em ti me agrado";

- Os membros da sinagoga "se maravilharam com o seu ensino, porque os ensinava como quem tem autoridade" (1.22);

- Depois de curar um homem com um espírito impuro (endemoniado) na sinagoga, os presentes "todos se maravilharam" (1.27);

- A reputação de Jesus não demora para ganhar força: na metade do primeiro capítulo de Marcos, lemos que "sua fama se espalhou por toda a região da Galileia" (1.28);

- Depois que saiu da sinagoga e curou a sogra de Pedro, "trouxeram-lhe todos os doentes e endemoninhados; e toda a cidade estava reunida à porta da casa" (1.32,33).

---

6 Veja 2Samuel 7.12-16; Salmos 2.7; Isaías 9.6-7; Jeremias 23.5-6; 33.14-26; Atos 13.32-34.

- Continuando a pregar pela Galileia, ele era repetidamente bem-vindo nas sinagogas (1.39). Marcos nos conta que "Jesus já não podia entrar abertamente numa cidade [...] as pessoas iam até ele, vindas de todos os lugares" (1.45).

Marcos pinta um retrato radiante, e isso é apenas o primeiro capítulo! Desde o começo, ele realça a saudação régia com a qual Jesus é recebido pelas massas. O Antigo Testamento prometeu que um filho do homem reinaria, o qual receberia "domínio, e glória, e um reino" e governaria um "domínio eterno" (Daniel 7.14). Viria alguém que iria "pregar boas novas aos oprimidos [...] restaurar os de coração abatido [...] proclamar liberdade aos cativos" (Isaías 61.1). O próprio Jesus foi o cumprimento dessas antigas esperanças e desejos.[7] Marcos quer nos mostrar isso.

O restante da primeira metade de Marcos continua de forma similar. Embora os grupos de autoridades religiosas ranzinzas ocasionalmente fiquem incomodados pelos atos de misericórdia de Jesus, o magnetismo geral dele passa como uma bola de neve em Marcos 1—8.

- Jesus não apenas cura um paralítico, mas perdoa seus pecados, e "todos ficaram maravilhados e glorificavam a Deus, dizendo: Nunca vimos coisa igual!" (2.12);

---

[7] Veja também Lucas 4.16-21.

- Jesus declara que é "Senhor até mesmo do sábado" (2.28);

- Quando ele se afasta para o mar com seus discípulos, "uma grande multidão, vinda da Galileia, o seguiu", forçando Jesus a entrar em um barquinho "para que não o comprimissem" (3.7,9);

- Depois de chamar os doze apóstolos, Jesus tenta voltar para casa, mas "novamente aglomerou-se uma multidão, de modo que não podiam nem mesmo comer" (3.20);

- O capítulo 4 começa (novamente) com "aglomerou--se perto dele tão grande multidão", de forma que Jesus é forçado a ensinar de um barco a uma distância da orla (4.1);

- Pouco depois, Jesus cala uma tempestade com uma mera palavra, levando seus discípulos amedrontados a se perguntarem em voz alta: "Quem é este, que até o vento e o mar lhe obedecem?" (4.41);

- Em Marcos 5, Jesus cura um homem endemoninhado que, tendo corrido para Jesus e caído diante dele (5.6), claramente reconhece Jesus como o "Filho do Deus Altíssimo" (5.7), e, quando o registro do que Jesus fez é relatado para outros, "todos se admiravam" (5.20);

- O restante de Marcos 5 descreve Jesus curando uma mulher que sofria de um problema físico por meio do simples ato de tocá-la (5.24-34), e depois ressuscitando a filha de um dos chefes da sinagoga com uma simples palavra, o que fez os presentes ficassem "tomados de grande espanto" (5.42);

- Em Marcos 6, a resposta aos contínuos ensinos de Jesus na sinagoga é que "ao ouvi-lo, muitos se maravilhavam, dizendo: De onde lhe vêm essas coisas? Que sabedoria é essa que lhe foi dada?" (6.2);

- Pouco depois, Jesus alimenta cinco mil homens, mais muitas mulheres e crianças (6.30-44);

- Depois, ele caminha sobre as águas e, quando entra no barco dos discípulos, o vento forte que estava soprando perde a força e "os discípulos ficaram extremamente impressionados entre si" (6.51);

- Marcos 6 conclui: "Onde quer que Jesus entrasse, nos povoados, nas cidades ou nos campos, levavam os doentes para as praças. E rogavam-lhe que ao menos lhes permitisse tocar a borda do seu manto; e todos os que a tocavam eram curados" (6.56);

- Em Marcos 7, depois de Jesus ter repreendido os hábitos alimentares excessivamente minuciosos dos fariseus (7.14-23) e de ter curado primeiro a filha de uma gentia e depois um homem surdo (7.24-36), o capítulo termina com Marcos descrevendo a forma como as pessoas ao redor de Jesus "maravilhavam-se grandemente" (7.37);

- Em Marcos 8, Jesus alimenta quatro mil pessoas (8.1-21).

Uma maravilha atrás da outra! Por todos os primeiros oito capítulos de Marcos, Jesus cura, realiza milagres, expulsa demônios, acalma tempestades, perdoa pecados, ressuscita mortos... Em poucas palavras, "Ele faz bem todas as coisas" (7.37). Repetidas vezes, as pessoas ficaram "maravilhadas", "admiradas" e cheias de deslumbre reverente diante desse homem que estava entre elas. É Jesus, o Senhor, o Rei. É o Cristo a quem são atraídas ondas de observadores.

No entanto, isso não é um retrato completo da missão de Jesus. Sim, o rei de Israel chegou curando os enfermos, ressuscitando os mortos e restaurando os oprimidos. No entanto, isso era apenas metade da missão.

O ápice de Marcos

Tudo isso nos traz para o meio de Marcos 8. Nós chegamos à história no encerramento da multiplicação para os 4 mil:

> Então chegaram a Betsaida; e trouxeram-lhe um cego, rogando-lhe que o tocasse. Jesus tomou o cego pela mão, levou-o para fora do povoado e cuspiu-lhe nos olhos. Depois, impondo-lhe as mãos, perguntou: Vês alguma coisa? E, levantando os olhos, ele disse: Vejo os homens andando, como se fossem árvores. Então Jesus voltou a colocar as mãos sobre os olhos dele, e ele começou a ver claramente e ficou restabelecido, pois enxergava todas as coisas com nitidez. Em seguida, Jesus mandou-o para casa, dizendo: Não entres no povoado.
>
> E Jesus foi com seus discípulos para os povoados próximos a Cesareia de Filipe. No caminho, perguntou aos discípulos: Quem os homens dizem que eu sou?

Eles lhe responderam: Alguns dizem que és João Batista; outros, Elias; e ainda outros, algum dos profetas. Então ele lhes perguntou: Mas vós, quem dizeis que eu sou? E Pedro respondeu-lhe: Tu és o Cristo. E Jesus ordenou que a ninguém falassem a respeito dele.

E começou a ensinar-lhes que era necessário que o Filho do homem sofresse muitas coisas, fosse rejeitado pelos líderes religiosos, principais sacerdotes e escribas, fosse morto e depois de três dias ressuscitasse. E ele dizia isso abertamente. Mas Pedro, chamando-o em particular, começou a repreendê-lo. Ele, porém, virando-se e olhando para seus discípulos, repreendeu Pedro, dizendo: Para trás de mim, Satanás; porque não pensas nas coisas de Deus, mas sim nas que são dos homens (8.22-33).

O que está acontecendo aqui?

Temos três registros curtos um atrás do outro: um homem cego é curado; Pedro ousadamente confessa que Jesus é o Cristo, o Rei-Messias; e Jesus anuncia seu sofrimento e morte iminentes, refutando em termos fortíssimos a resistência de Pedro a esse sofrimento. Os três relatos interpretam mutuamente um ao outro.

O momento em que Pedro proclama "Tu és o Cristo" é o ponto em que os discípulos foram convencidos de que Jesus é o rei vindouro que eles esperavam há tanto tempo. Essa confissão é a conclusão à qual tudo em Marcos 1—8 estava levando. Levou sete capítulos inteiros e trinta versículos do capítulo 8, e os discípulos finalmente foram convencidos. Este é o ponto alto de Marcos.

Entretanto, é aqui, na metade do Evangelho, que o registro inteiro dá meia-volta e começa a andar na direção contrária[8] porque isso é somente metade do que os discípulos precisavam ver. Eles perceberam que ele é o rei e, se ele é o rei que estavam esperando, isso seria o suficiente. Contudo, se ele não é o rei que eles estavam esperando, mas o rei do qual precisam profundamente — se ele não tiver vindo para lidar com as circunstâncias deles, mas com os seus pecados —, então algo mais é necessário. Esse aspecto da missão de Jesus ainda não tinha sido compreendido pelos discípulos.

E isso é o que a cura do homem cego em duas etapas, um registro presente apenas em Marcos, está nos mostrando. Jesus "lidou com o homem cego daquela maneira para capacitar os discípulos a se verem como eram", pregou Martyn Lloyd-Jones.[9]

Ensinando pela cura

Ao longo dos Evangelhos, Jesus ministra de duas formas: ensinando e curando. Este é o único lugar nos quatro Evangelhos onde as duas atividades estão juntas, de forma que ensinar é curar. Por que Jesus curou esse homem cego em duas etapas? Ele era incapaz de fazer isso de uma só vez? Essa explicação é muito insatisfatória quando

---

[8] Veja Jeremias, *Rediscovering the parables*. p. 172.

[9] Lloyd-Jones, *Spiritual depression*. p. 39. Essa frase está em um sermão sobre Marcos 8.22-26.

estamos falando de alguém que ressuscitou um morto com uma breve palavra (5.41,42) e curou um enfermo à distância (Mateus 8.5-13).

Não, ao curar esse cego em duas etapas, Jesus está não apenas curando o homem, mas ensinando a seus discípulos. Em um único evento, ele está dando misericórdia ao cego e um espelho aos discípulos. Na primeira metade da cura, o homem ainda não tinha visão perfeita; na metade do Evangelho de Marcos, os discípulos ainda não tinham visão perfeita. Eles entendem a missão de Jesus, mas de forma nebulosa. Quando Pedro proclama "Tu és o Cristo" (8.29), ele está, no fluxo de Marcos, afirmando espiritualmente o que o homem cego afirmara fisicamente: "Vejo os homens andando, como se fossem árvores" (8.24).

Os discípulos estavam convencidos de que Jesus era o rei vindouro. Mas o *tipo* de rei que ele seria ainda não estava claro para eles. A intuição natural deles (e a nossa) vê o poder e o triunfo como a maneira pela qual os propósitos redentores supremos de Deus no mundo acontecerão. Por isso Pedro respondeu daquela forma à ideia da morte de Jesus no versículo 32: "Pedro, chamando-o em particular, começou a repreendê-lo". Se você e eu estivéssemos lá, indubitavelmente teríamos apoiado a admoestação muito razoável de Pedro.

Jesus não admitiria isso. Para o choque dos seus seguidores, o Filho do Homem anuncia, na metade do Evangelho de Marcos, que ele *não vai* ser recebido pelos estudiosos bíblicos da época e fazer os romanos sofrerem, mas sim que ele vai ser rejeitado pelos estudiosos bíblicos da época e que os romanos vão fazê-lo sofrer.

É mais ou menos nesse ponto, da confissão de Pedro e da resposta de Jesus, no qual todo o Evangelho de Marcos dá uma reviravolta. Essa é a dobradiça.[10] Os discípulos agora percebem que Jesus é o rei, mas não percebem que ele vai tomar o caminho do criminoso. Eles o percebem como o leão, mas não que ele será tratado como um cordeiro. A visão deles, assim como a do homem cego meio curado, está turva. Eles sabem que Jesus é o Messias, mas não que ele deve ser um Messias sofredor. Eles sabem que ele é o filho do homem profetizado em Daniel, mas não que o caminho para o trono de "domínio eterno" (Daniel 7.14) é através de uma cruz, que a estrada para a montanha mais alta é através do vale mais profundo. Depois do anúncio vitorioso no versículo 29, o restante do Evangelho de Marcos é uma descida lenta para o sofrimento e a morte humilhantes.

A primeira metade de Marcos nos mostra que Jesus é o rei. A segunda metade nos mostra *como* Jesus é o rei.

Um rei-servo

Várias vezes ao longo de Marcos, Jesus explicitamente anuncia aos discípulos seu sofrimento iminente. Perceba, porém, que nenhum desses avisos acontece nos primeiros oito capítulos, os capítulos recheados de "maravilhamento"

---

[10] Veja Richard Bauckham, *Jesus and the God of Israel: God crucified and other studies on the New Testament's christology of divine identity* (Grand Rapids: Eerdmans, 2008), p. 262-63.

e "admiração" deslumbrantes. Eles começam imediatamente depois que Jesus suscita nos discípulos a afirmação confiante do porta-voz Pedro: "Tu és o Cristo" (8.29).

Três vezes nos capítulos 8 — 10, começando imediatamente após a confissão segura de Pedro sobre Jesus ser o Messias, Cristo fala de seus sofrimento e morte iminentes (8.31; 9.30,31; 10.32-34; veja também 9.12). O livro de Narry Santos sobre a servidão no Evangelho de Marcos chama esses três eventos de "discursos paradoxais" porque combinam (em vez de contrastar) a maior das autoridades com a mais baixa servidão.[11] Não é ninguém menos que o triunfante Filho do Homem quem sofrerá dessa forma. E, em cada um desses três discursos paradoxais, a previsão de Jesus é recebida com incompreensão e resistência por parte dos discípulos (8.32,33; 9.32; 10.35-37). Então, no capítulo 11, Jesus entra em Jerusalém, como o fim da trajetória de Marcos até os eventos da Semana Santa, quando é preso e crucificado. Um modo como percebemos que Pedro e os discípulos não entendiam os dois lados da missão de Jesus — o lado nobre e o humilde — é que, apesar da confissão ousada de Pedro no fim da primeira metade de Marcos (8.29), a segunda metade ironicamente fecha com

---

[11] Narry F. Santos, *Slave of all*: *the paradox of authority and servanthood in the Gospel of Mark*. Journal for the society of New Testament studies supplement series 237; (London: Sheffield Academic Press, 2003), p. 58,59, 144-47. Perceba o título do estudo do tema do "rei" ao longo de toda a Bíblia: T. Desmond Alexander, *The servant King*: the Bible's portrait of the Messiah (Vancouver: Regent College Publishing, 2003).

um centurião pagão confessando Jesus como o Filho de Deus (15.39), enquanto Pedro o nega (14.66-72).

Jesus não começou seu ministério com a humilhação inevitável que lhe aguardava. Ele começou convencendo os discípulos do fato de que ele era realmente o Messias. Todas as expectativas latentes da libertação vindoura estavam culminando nesse carpinteiro de Nazaré. Mas não era o tipo de Messias que eles esperavam. Essa é a razão para as numerosas vezes na primeira metade de Marcos em que Jesus instrui quem ele curou a não espalhar o que ele fizera (1.34, 43,44; 3.12; 5.43; 7.36; 8.30). O estudioso do Novo Testamento, Craig Blomberg, explica que Jesus "era muito cauteloso quanto a aceitar o título ou a permitir que um entusiasmo prematuro sobrecarregasse a missão dele porque a expectativa cristológica popular não dava espaço para um Messias *sofredor*."[12] Assim que convenceu seus discípulos, Jesus começou a desconstruir e reconstruir o entendimento deles sobre que tipo de Messias ele tinha que ser se os discípulos fossem fazer parte do reino de Deus. Ele deveria sofrer como um criminoso comum.[13]

Impressionantemente, a palavra em grego para o Messias, *Christos*, de onde vem a palavra "Cristo" em português, aparece no primeiro versículo de Marcos e depois não

---

[12] Craig L. Blomberg, *Jesus and the Gospels*: an introduction and survey. 2ª ed. (Nashville: Broadman & Holman, 2009), p. 133. Ênfase no original.

[13] Veja Hans K. Larondelle, *The Israel of God in prophecy*: *principles of prophetic interpretation* (Berrien Springs: Andrews University Press, 1983), p. 95.

aparece de novo até a confissão de Pedro em 8.29, mas aparece seis vezes nos capítulos restantes, que são a metade do Evangelho de Marcos que ressalta o sofrimento de Jesus.[14] E em todas as três maiores previsões em Marcos 8—10 do seu sofrimento iminente, Jesus identifica-se como o Filho do Homem, apoderando-se do título pertencente ao rei conquistador de Daniel 7. Dessa forma, um paradoxo escandaloso se revela quando Marcos indica que o estado de Jesus como o Cristo vindouro e régio Filho do Homem não está em conflito com seu caminho de sofrimento. Ao contrário, é *através* do sofrimento que Jesus sela seu estado como o divino Filho do Homem, recebendo toda glória do Pai e governando para sempre (compare com Filipenses 2.6-11).[15]

Ele não somente sofreria, mas também seria rejeitado. Ser um Messias mártir, sofrendo diante do povo e sendo louvado por seu sofrimento, já seria difícil o bastante. Jesus passou por algo muito pior: "era necessário que o Filho do homem sofresse muitas coisas, *fosse rejeitado...*" (8.31). Dietrich Bonhoeffer comenta:

> Se ele tivesse apenas sofrido, Jesus ainda poderia ter sido enaltecido como o Messias. Toda a empatia e admiração do mundo poderiam ter se focado na paixão dele. Ela poderia ter sido vista como uma tragédia com o próprio

---

[14] Veja Blomberg, *Jesus and the Gospels*. p. 132.

[15] Veja Bauckham, *Jesus and the God of Israel*. p. 55; Adela Y. Collins; John J. Collins, *King and Messiah as Son of God: divine, human, and angelic messianic figures in biblical and related literature* (Grand Rapids: Eerdmans, 2008), p. 150.

valor, dignidade e honra intrínsecos. Contudo, na paixão, Jesus é um Messias rejeitado [...] O sofrimento e a rejeição resumem toda a cruz de Jesus.[16]

E por quem ele seria rejeitado? Pelos dominadores romanos hostis? "Era necessário que o Filho do homem sofresse muitas coisas, fosse rejeitado pelos líderes religiosos, principais sacerdotes e escribas" (8.31). Jesus tinha de ser desprezado e envergonhado pelas autoridades judaicas, exatamente quem deveria tê-lo acolhido. Foram aqueles com a melhor teologia, não a pior, que rejeitaram o Filho de Deus.

Cumprimentos surpreendentes do Antigo Testamento

Quando estava pendurando na cruz, Jesus estava passando pelo que o Antigo Testamento considerava a maldição suprema, a epítome de um destino repulsivo e temido, reservado para os piores criminosos: "Se um homem tiver cometido um pecado digno de morte, e for morto, e o tiveres pendurado num madeiro, seu cadáver não passará toda a noite no madeiro, mas certamente o enterrarás no mesmo dia; pois aquele que é pendurado foi amaldiçoado por Deus" (Deuteronômio 21.22,23). De acordo com a lei israelita, os piores crimes exigiam a pior punição, a punição considerada a maldição de Deus: ser pendurado em um madeiro.

---

[16] Dietrich Bonhoeffer, *The cost of discipleship*, trad. para o inglês por R. H. Fuller (New York: Touchstone, 1995), p. 86,87.

E esse destino criminoso, de acordo com os escritores do Novo Testamento, foi exatamente o que Jesus sofreu. Paulo escreveu: "Cristo nos resgatou da maldição da lei, tornando-se maldição em nosso favor, pois está escrito: Maldito todo aquele que for pendurado em um madeiro" (Gálatas 3.13, citando Deuteronômio 21.23). "Ele mesmo levou nossos pecados em seu corpo sobre o madeiro" (1Pedro 2.24).

Antes e depois dessa passagem em 1Pedro 2, Pedro faz alusão diversas vezes a Isaías 53, na qual o profeta fala enigmaticamente sobre um "servo" vindouro que sofreria vicariamente pelos pecados do seu povo. Juntando Deuteronômio 21, Isaías 53, Gálatas 3 e 1Pedro 2, percebemos que a revelação chocante do Novo Testamento é que, quando o Antigo Testamento falava em algumas passagens sobre um vindouro e triunfante Filho do Homem e em outras sobre um vindouro Servo Sofredor, essas predições, aparentemente opostos completos, realizam-se *na mesma pessoa*.[17]

Os discípulos queriam libertação. Mas eles estavam míopes. Eles queriam libertação das suas circunstâncias: ocupação romana, dominadores pagãos, a reputação internacional de Israel subvalorizada. Jesus, contudo, veio para libertá-los verdadeiramente. Ele veio para libertá-los de seus pecados. Ele veio para libertá-los não de outros, mas

---

[17] Veja Herman Ridderbos, *Paul and Jesus: origin and general character of Paul's preaching of Christ*, trad. para o inglês por David H. Freeman (Philadelphia: Presbyterian & Reformed, 1958), p. 31.

de si mesmos; não dos dominadores de Roma, mas dos dominadores do pecado (Romanos 6.14).

Por essa razão abençoada é que o Evangelho de Marcos não termina em Marcos 8.30. A missão de Jesus não é apenas a de um leão. Libertação das circunstâncias requeria um Messias como rei, e apenas isso. Libertação espiritual — libertação real — requeria um Messias régio que fosse amarrado como um criminoso para que seus seguidores pudessem ser libertados no único sentido que realmente importa.

Jesus, o rei, sofreria como um criminoso comum. A majestade seria virada do avesso. Essa é a surpresa de Marcos. Jonathan Edwards corretamente pregou que, em Jesus, há "uma admirável conjunção [...] de dignidade infinita, condescendência infinita e amor ao infinitamente indigno."[18]

---

[18] Edwards, *The excellency of Christ*. p. 579.

5

O CHAMADO DE JESUS PARA CARREGAR A CRUZ

A CURA EM DUAS ETAPAS DA VISÃO física do homem cego foi, portanto, uma imagem tangível da cura em duas etapas da cegueira dos discípulos em relação a como a missão do Senhor deles se desdobraria. E Marcos nos mostra a surpresa da missão de Jesus: o rei, o Filho do Homem há muito esperado, morre como um criminoso comum.

A surpresa do discipulado cristão

Ainda assim, Jesus não concentra o foco em si mesmo ao responder ao entendimento equivocado de seus discípulos sobre sua missão. Imediatamente depois de repreender Pedro, Jesus se vira para quem estava perto e revela para eles o que significa ser liderado pelo Rei-Messias sofredor: "Se alguém quiser vir após mim, negue a si mesmo, tome a sua cruz e siga-me. Pois quem quiser preservar sua vida, irá perdê-la; mas quem perder a vida por causa de mim e do evangelho, irá preservá-la" (8.34,35).

Para os discípulos de Jesus, a morte do Messias não apenas os tira do caminho certo para o inferno, mas também os coloca no caminho árduo para o céu. Bonhoeffer escreveu: "Quando Cristo chama um homem, ele o chama para vir e morrer".[1]

O sofrimento de Jesus foi, em última instância, para que nós não sofrêssemos para sempre. A maior conquista da missão de Jesus é o que ele fez em nosso favor: expiação vicária. Contudo, Jesus não foi apenas um substituto. Ele também foi um pioneiro (Hebreus 2.10; 12.2). Ele não apenas carregou a cruz em nosso lugar, ele também marcou uma trilha no formato de uma cruz para seguirmos. O sofrimento de Cristo não apenas nos garante o perdão, mas nos prepara para perdermos nossa vida por causa dele quando aprendemos a negar a nós mesmos, a tomar nossas cruzes e a segui-lo.

Seguidores de Jesus trocam os prazeres temporais com sofrimento eterno por sofrimento temporal com prazeres eternos. Essas são nossas duas únicas opções. C. S. Lewis ecoou o ensino de Marcos quando ele falou que "uma crucificação do homem natural é o passaporte para a vida eterna. Nada que não tenha morrido pode ser ressuscitado."[2] Discipulado significativo sob Jesus Cristo não é fruto de uma observação fria e desapegada, por mais que uma pessoa possa apreciar os

---

[1] Bonhoeffer, *The cost of discipleship*. p. 89.

[2] C. S. Lewis, "Membership", in: *The weight of glory and other addresses* (New York: Touchstone, 1996) p. 129.

ensinamentos dele. Somente o discípulo que perde a vida por causa de Jesus, e assim assegura a única vida que vale a pena viver, verdadeiramente entende quem Jesus é, e como operam os propósitos redentores de Deus no mundo: não apenas através de seu Filho, mas também através de seu povo.

Perceba que Jesus não nos chama para que permitamos que um agente externo nos negue; ele não nos chama para estarmos prontos para termos uma cruz colocada sobre nós; ele não nos chama para vagarmos após ele. Ele nos chama para negarmos a nós mesmos, tomarmos nossa cruz e segui-lo. Esforço proativo, não conformidade passiva, é o *modus operandi* do discipulado cristão vital.

Henry Scougal era professor de teologia na *Aberdeen University* até sua morte em 1678, aos 28 anos. No ano anterior à morte, Scougal escreveu uma carta para um amigo angustiado, na qual dizia:

> Uma alma jamais conhece o que é alegria sólida e prazer substancial até um dia, estando exausta de si mesma, renunciar toda propriedade, entregar-se ao Autor do seu ser, e se sentir tornar-se uma coisa vazia e devota, e posso dizer que estou contente em ser qualquer coisa para ele, e em não me preocupar comigo, desde que possa servi-lo.[3]

Tomar a cruz é tomar a alegria — alegria dolorosa, mas alegria verdadeira. Pois tomar a cruz é caminhar com quem, em grande amor, carregou a cruz suprema em nosso lugar. Tenha

---

[3] Henry Scougal, *The life of God in the soul of man* (Fearn: Christian Focus, 1996) p. 76.

como alvo a alegria, e você a perderá. Tenha Cristo como alvo em seu chamado para carregar a cruz, e você o encontrará.

Por mais que isso seja contrário a todas as nossas pressuposições, a maneira de salvarmos nossa vida é perdendo-a. Para Jesus, a morte foi o caminho para a vida. Para seus discípulos, a morte é o caminho para a vida. "Morra antes que você morra. Não há chance posterior", observa um personagem em *Até que tenhamos rostos*, de C. S. Lewis.[4]

Se entrarmos no cerne do discipulado cristão como é apresentado por Marcos, encontramos, ecoando a missão do próprio Jesus, este princípio surpreendente: perda é ganho. Morte é vida. Entregar tudo assegura receber tudo. Autonegação por causa do evangelho é o segredo para salvar nossa vida. Foi assim como a missão desconcertante de Jesus funcionou e esse é o caminho do discipulado para seu povo.[5] Desapego feliz é nossa única sanidade.

Ao contrário do que todos os nossos instintos de autopreservação sussurram para nós todos os dias, o ato da abdicação para estar em Jesus é o investimento mais seguro que podemos fazer. Nossa única segurança é renunciarmos tudo que este mundo tem como certo.

---

4   C. S. Lewis, *Till we have faces*: a myth retold (New York: Harcourt, 1956), p. 279. Veja também Lutero, *Luther's works*. Volume 51, p. 25, nota 3.

5   Refletindo sobre Marcos 10.45, Schlatter escreve: "Ele faz de si mesmo um resgate e faz da própria morte o trato que liberta os condenados. De seu decreto real vem o serviço e, do serviço, o qual o torna o último e o humilha abaixo de todos, vem sua glória. Com isso, os discípulos podem reconhecer como alguém se torna grande no reino de Deus" (Schlatter, *Do we know Jesus?* p. 339).

6

PECADORES
FRACOS E CEGOS

AO FIM E AO CABO, O RESULTADO emocional de dar ouvidos ao chamado de Cristo para segui-lo é a compreensão de que tomar nossa cruz não é uma alternativa à alegria. Carregar a cruz não é masoquismo. A lúgubre autonegação à qual Jesus nos chama em Marcos 8 não reprime, mas vivifica as chamas da felicidade irreprimível à qual fomos levados. Não somos chamados para ficarmos tristes *ou* regozijantes, mas ambos (2Coríntios 6.10); não abnegados *ou* alegres, mas ambos.

Fraqueza triunfante

Uma forma como vemos cristãos caindo para um lado ou para outro dessa tensão está no encorajamento de alguns, dizendo que os crentes devem estar perpetuamente "fracos", por um lado, e no chamado para a vida cristã "triunfante" ou "vitoriosa", por outro. Ambos levam a um reducionismo unilateral de uma vida formada pelo evangelho.

Cristãos devem ser fracos? Bem, depende do que isso quer dizer. Se "fraco" referir-se a abatido, triste, perpetuamente desanimado, sofrido, abjeto, até mesmo enlutado por pecados, então não. Se "fraco" referir-se a estar contrito, prostrado diante do Senhor, intensamente consciente da fraqueza pessoal, despojado de si, ser capaz de rir de si mesmo, ter julgamento sóbrio, ser sensível às profundezas do pecado dentro de si, então, sim.

Cristãos devem ser triunfantes? Se "triunfante" referir-se a ser por demais autoconfiante, superficial, obtuso a fraquezas pessoais, incorrigível, autoconfiante, rápido para diagnosticar fraquezas alheias e pontos fortes próprios, exibido, triunfalista, então, não. Se "triunfante" referir-se a ser confiante nos propósitos invencíveis de Deus no mundo através de discípulos vacilantes, ser audacioso com ousadia condizente com as promessas chocantes da Bíblia, abrir mão silenciosamente de si mesmo para Deus à luz da vitória irrepreensível de Cristo, ser implacável em relembrar ao inimigo que Cristo esvaziou o poder das acusações de Satanás, estar preparado para assumir riscos não para buscar reputação, mas impelido por uma fé firmada em Deus, então, sim.

Fraqueza sem triunfo é uma melancolia deprimida como a do amigo do Ursinho Puff, Ió, que enfatiza a Queda e negligencia a redenção, enfatiza a crucificação e negligencia a ressurreição, enfatiza Marcos 9—16 e negligencia Marcos 1—8. É uma escatologia pessoal *subrealizada*. Triunfo sem fraqueza é uma ingenuidade como a do Buzz Lightyear, que enfatiza a redenção e negligencia a Queda, enfatiza a ressurreição e negligencia a crucificação, enfatiza Marcos 1—8 e negligencia Marcos 9—16.[1] É uma escatologia pessoal *hiperrealizada*. "Cruz e coroa, morte e ressurreição, humilhação e exaltação estão na mesma linha", escreveu o teólogo holandês Herman Bavinck.[2] Nossas duas opções são: uma cruz com uma coroa, ou nenhum dos dois; fraqueza contrita com triunfo supremo, ou nenhum dos dois — não um *ou* outro. Pois, no evangelho, somos libertados para passar pela Queda *e* pela redenção, pela crucificação *e* pela ressurreição, pela fraqueza *e* pelo triunfo, por Marcos 1—8 *e* por Marcos 9—16. Isso acontece porque a única pessoa que já foi triunfante sem fraqueza trocou de lugar com quem era somente fraco e sem triunfo, para que agora o maior triunfo seja livremente nosso, ainda que a fraqueza continue.

Embora a fraqueza não seja a última palavra para cristãos (não há nenhuma fraqueza nos dois primeiros capítulos da Bíblia, tampouco nos dois últimos), qualquer santo experiente pode atestar que a estranha maneira como Deus nos traz para esse triunfo é *através*, e não ao redor, da fraqueza presente. Por essa razão, encontramos espalhados ao longo dos quatro Evangelhos numerosos aforismos da boca de Jesus que incisivamente cristalizam a verdade desconcertante de que carregar a fraqueza da cruz e o triunfo da

---

[1] Ió é o asno melancólico e misantrópico em *Ursinho Puff*, de A. A. Milne. Buzz Lightyear é o explorador espacial ingênuo e excessivamente otimista nos filmes *Toy Story*.

[2] Herman Bavinck, *Reformed dogmatics*, org. por John Bolt; trad. para o inglês por John Vriend (Grand Rapids: Baker, 4 volumes, 2003-2008) Volume 4, p. 423. J. C. Ryle escreveu: "Se não carregarmos a cruz, jamais usaremos a coroa" (J. C. Ryle, *Ryle's expository thoughts on the Gospels*: *Mark* (Grand Rapids: Zondervan), p. 169.

glória não são mutuamente excludentes. A cruz e a glória estão amarradas uma à outra. A glória vem, tanto para nós quanto para nosso Senhor, através da cruz. É perdendo nossa vida que a encontraremos (Mateus 10.39; compare com Lucas 17.33). Humilhar-se como uma criança é a verdadeira grandeza (Mateus 18.1-4; compare com Lucas 9.23,24,48). Os últimos serão os primeiros e os primeiros serão os últimos (Mateus 19.30; 20.16; compare com Marcos 10.31; Lucas 13.30). Quem busca ser grande deve servir aos outros (Mateus 20.26-28; compare com Marcos 9.35; 10.43-45). O reino de Deus é como um grão de mostarda, uma semente diminuta que, apesar disso, cria os maiores galhos, com mais sombra (4.30-32). O humilde será exaltado e o autoexaltado será humilhado (Lucas 14.11; compare com Lucas 16.15; 18.14). É o grão de trigo que cai no solo e morre que produz muito fruto (João 12.24,25).

O impulso feroz borbulhando dentro de cada um de nós quando saímos da cama de manhã é buscar a glória (triunfo) e evitar a cruz (fraqueza). Em Marcos 8, Jesus nos apresenta uma escolha: glória agora e uma cruz para sempre, ou uma cruz agora e glória para sempre.[3] Porém, Jesus foi à cruz para que, quando você e eu deliberadamente

---

[3]   Francis Schaeffer escreveu: "Cristo ensinou aos seus discípulos que eles não deveriam ser chamados de 'Rabino' ou 'Mestre' (Mateus 23.8,10) e que o maior entre eles seria servo de todos (Marcos 10.44). Cada um de nós não tende a reverter isso, seguindo nossas inclinações naturais como homens caídos, enquanto ignoramos a Palavra de Deus? Não gostamos do lugar de destaque? [...] As Escrituras são claras que devemos nos humilhar agora ou seremos humilhados no futuro [...] Se [um cristão] não se humilhou nesta vida, então ele será humilhado. Não há uma terceira maneira". Francis Schaeffer, *No little people* (Wheaton: Crossway, 2003), p. 68-70.

tomarmos nossa cruz, ela se torne uma fonte de vida: "quem perder a vida [...] irá preservá-la". E isso é possível porque Jesus foi para a cruz *sem que a merecesse*.

Na primeira metade do Evangelho de Marcos, então, vemos Jesus como o rei. Na segunda metade, vemo-lo se preparando e depois passando pelo sofrimento e morte de um criminoso. Na primeira metade, Jesus ganha nossa submissão; na segunda metade, ele ganha nosso coração.

Na primeira metade de Marcos, aprendemos que Deus veio a nós; na segunda metade, aprendemos que podemos ir até Deus.

Visão cega e cegueira que vê

Dando um passo atrás e vendo o capítulo 8 no fluxo do Evangelho de Marcos como um todo, percebemos que os discípulos viam o estado de rei de Jesus em Marcos 1—8, mas ainda não viam que tipo de rei ele seria. Essa ênfase em "ver" ocorre não apenas na cura do homem cego, mas está difundida ao longo de Marcos 8—10.

Por exemplo, Jesus pergunta aos discípulos em 8.18: "Tendes olhos e não vedes?", pouco depois de realizar a cura do homem cego em duas etapas, com um foco explícito e constante na visão. Em 9.1, Jesus fala à multidão ao redor que: "dentre os que estão aqui, há alguns que de modo algum provarão a morte até que vejam o reino de Deus chegando com poder".[4] Referências à visão se multiplicam ao longo do

---

[4] É provável que essa declaração misteriosa se refira à transfiguração, a qual é contada imediatamente em seguida (Marcos 9.2-13). Perceba 2Pedro 1.16-18, que, ao descrever a transfiguração do ponto de vista de

capítulo 9 e no capítulo 10.[5] O tema visão/cegueira culmina finalmente na cura de outro cego, Bartimeu (10.46-52), a qual provavelmente se junta à cura em duas etapas de Marcos 8 para formar o outro limite ao redor das três declarações de Jesus sobre seu sofrimento e morte em Marcos 8—10.

Estamos abordando o tema visão/cegueira aqui porque, no fim do capítulo 10, Marcos justapõe duas histórias que nos dão uma imagem do que Jesus está falando no capítulo 8 quando ele fala que "quem quiser preservar sua vida, irá perdê-la; mas quem perder a vida por causa de mim e do evangelho, irá preservá-la" (8.35). Então, antes de terminarmos nosso estudo em Marcos, vamos refletir brevemente em Marcos 10.

Tiago e João, os filhos de Zebedeu, mostram-nos o que significa querer preservar a própria vida. Bartimeu nos mostra como é perder a vida. Ambos os relatos são retratados em termos de visão e cegueira.

Três homens cegos

Marcos 10 fecha com dois relatos. O primeiro é de Tiago e João indo até Jesus para pedirem os lugares de honra à direita e à esquerda de Cristo quando ele estiver reinando em glória como o rei entronizado (10.35-45). O segundo é do cego Bartimeu, que insistentemente clama por misericórdia e, indiferente às tentativas do povo de silenciá-lo, é curado (10.46-52).

Pedro, fala sobre isso em termos de "vinda" e "poder" (v. 16), assim como em Marcos 9.1.

[5]   Marcos 9.8,14,15,20,38,47; 10.14,21,23,27,33.

Nisso aproximaram-se dele Tiago e João, filhos de Zebedeu, dizendo-lhe: Mestre, queremos que nos faças o que te pedirmos. E ele lhes perguntou: Que quereis que eu vos faça? Eles lhe responderam: Concede-nos que na tua glória nos sentemos, um à tua direita e outro à tua esquerda. Mas Jesus lhes disse: Não sabeis o que pedis. Podeis beber o cálice que eu bebo, ou ser batizados com o batismo com que sou batizado? Eles responderam: Podemos. Mas Jesus lhes disse: Bebereis o cálice que eu bebo e sereis batizados com o batismo com que sou batizado; mas o sentar-se à minha direita, ou à minha esquerda, não cabe a mim concedê-lo; isso é para aqueles a quem está reservado. Ouvindo isso, os dez começaram a indignar-se contra Tiago e João. Então Jesus chamou-os para junto de si e lhes disse: Sabeis que os que são reconhecidos como governantes dos gentios têm domínio sobre eles, e os seus poderosos exercem autoridade sobre eles. Mas entre vós não será assim. Antes, quem entre vós quiser tornar-se grande, será esse o que vos servirá; e quem entre vós quiser ser o primeiro, será servo de todos. Pois o próprio Filho do homem não veio para ser servido, mas para servir e para dar a vida em resgate de muitos.

E foram para Jericó. Quando ele, seus discípulos e uma grande multidão saíam de Jericó, junto do caminho estava sentado um mendigo cego chamado Bartimeu, filho de Timeu. Quando ouviu que era Jesus Nazareno, ele começou a gritar: Jesus, Filho de Davi, tem compaixão de mim! Muitos o repreendiam para que se calasse, mas ele gritava ainda mais: Filho de Davi, tem compaixão de mim! Jesus parou e disse: Chamai-o. Chamaram o cego, dizendo-lhe: Coragem! Levanta-te, ele está te chamando! Lançando de si a sua capa, levantou-se de um salto e dirigiu-se a Jesus. E Jesus lhe perguntou: Que queres que te faça? O cego respondeu: Mestre, que eu volte a ver. Jesus lhe disse:

Vai, a tua fé te salvou. Imediatamente ele recuperou a visão e foi seguindo Jesus pelo caminho (10.35-52).

Perceba os paralelos entre os dois relatos: Tiago e João de um lado, Bartimeu do outro. Em ambos os casos: primeiro, Jesus é confrontado com um pedido (10.35,47,48); segundo, Jesus inicialmente responde perguntando "Que quereis que eu vos faça?" (10.36,51); e terceiro, as pessoas fazendo os pedidos claramente entendem quem Jesus é, levando-os a colocarem seus autênticos desejos do coração diante dele (10.37,47,48).

Existe um quarto paralelo mais sutil sob a superfície da narrativa: em ambos os casos, a pessoa fazendo o pedido está sofrendo de cegueira.

Isso aparece quando vemos as diferenças entre os dois registros. Jesus pergunta aos filhos de Zebedeu e também a Bartimeu: "Que quereis que eu vos faça?". Mas Tiago e João pedem glória, e Bartimeu pede misericórdia. Tiago e João achavam que mereciam honra e receberam um "não" de Jesus. Bartimeu sabia que não merecia nada e recebeu um "sim" de Jesus. Tiago e João vieram achando que tinham direito a algo; Bartimeu, cujo nome significava "filho da impureza" ou "filho da sujeira", veio com um sentimento de desmerecimento.[6]

Tiago e João, embora vissem fisicamente, estavam cegos espiritualmente. Eles não percebiam que o caminho para serem grandes era serem servos de todos. Bartimeu,

---

[6]   Kenneth E. Bailey, *The cross and the prodigal*: *Luke 15 through the eyes of middle eastern peasants* (Downers Grove: InterVarsity, ed. rev., 2005), p. 55.

por outro lado, embora fosse cego fisicamente, estava vendo espiritualmente. O desejo mais profundo dele não eram as honras glamorosas que Jesus poderia dar no reino vindouro, mas sim o próprio Jesus.

Todos os três homens eram cegos. Somente Bartimeu sabia que era.

A tabela a seguir esclarece a diferença.

Tiago e João (10.35-45)	Bartimeu (10.46-52)
Visão fisicamente saudável	*Fisicamente cego*
Pedem glória.	Pede misericórdia.
Espiritualmente cegos	*Visão espiritual saudável*
Pedido com base na força que percebiam (erroneamente): "Somos capazes" (10.39).	Pedido com base na fraqueza que percebia (corretamente): "tem compaixão de mim!" (10.47).
Impelidos pelo orgulho	*Impelido pela humildade*
Agem sorrateiramente: no registro de Mateus, a mãe dos irmãos fala por eles (Mateus 20.20).	Age abertamente: "Lançando de si a sua capa, levantou-se de um salto e dirigiu-se a Jesus" (10.50).
Evitam a observação dos outros, vindo sem os outros dez discípulos.	*Ignora a opinião humana.*
O pedido vem de alguém próximo.	O pedido vem de alguém de fora.
Promovem conflito (10.41).	*Promove unidade (10.52).*

A estranha forma pela qual seres humanos naturalmente cegos como você e eu recebem visão é simplesmente pedindo por misericórdia. Esse impulso insistente que emerge das profundezas para assegurar a glória, para ser estabelecido como o braço direito de Jesus, é cegueira, pois ele enganosamente escuta à voz interior que nos fala que a forma de salvarmos nossa vida é salvando-a, que a forma de nos tornarmos grandes é buscando a grandeza.

Nossos olhos se abrirão para a tolice dessa forma de pensar quando reconhecermos nossa verdadeira necessidade e não fizermos nada além de pedir misericórdia para Jesus. Tudo que é necessário é uma confissão de cegueira pessoal. Isso fica claro em outra passagem que lida com cegueira, dessa vez no Evangelho de João. Os fariseus estão incrédulos com a sugestão de Jesus de que eles estejam cegos. Jesus responde: "Se fôsseis cegos, não teríeis pecado. Mas como agora dizeis: Nós vemos, o vosso pecado permanece" (João 9.41).[7] A única coisa que impede a misericórdia de Jesus de fluir sobre a vida de pecadores cegos é a teimosa negação da cegueira.

No início do século 20, o jornal londrino *The Times* convidou um pequeno número de autores nacionalmente respeitados, incluindo G. K. Chesterton, para darem suas opiniões com respostas à pergunta: "O que há de errado com o mundo?". O resultado foi uma série de dissertações apontando para quem era o culpado para o estado do mundo à época. A contribuição de Chesterton dizia:

Prezados senhores,
Eu.
Sinceramente,
G. K. Chesterton[8]

---

[7] Sobre o tema da cegueira/visão de João 9.39-41, veja Lutero, *Luther's Works*. Volume 51, p. 37; veja também Andreas J. Köstenberger, *A theology of John's Gospel and Letters: Biblical theology of the New Testament* (Grand Rapids: Zondervan, 2009) p. 166, 224-25.

[8] Citado em Marva J. Dawn, "Not what, but who is the matter with preaching?" in: *What's the matter with preaching today?*, org. por Mike Graves (Louisville: Westminster, John Knox, 2004), p. 75.

Cego por nós

Chesterton entendia o poderoso reflexo natural de absolver a si mesmo e indiciar outros. O evangelho vira isso de ponta-cabeça, libertando-nos para apontarmos o dedo do indiciamento para nós mesmos, uma acusação própria que, paradoxalmente, é a única forma de escaparmos da acusação que realmente importa. Pois a grande e maravilhosa surpresa da missão de Jesus é que a única pessoa que já mereceu ser absolvida ao fim de sua vida se permitiu ser indiciada para que você e eu pudéssemos ser absolvidos sem nenhum custo para nós.

Mas será que isso não seria fácil demais? Como seria justo e correto? Como pecadores amantes de glória e cegos como nós recebem a visão tão facilmente, com nada além de um grito por misericórdia?

A resposta é a razão principal pela qual Marcos escreve esse Evangelho e exatamente a coisa anunciada por Jesus três vezes em Marcos 8—10. O rei recebeu a punição de um criminoso. O leão foi tratado como um cordeiro. "Foi maravilhoso que o Filho de Deus fosse acusado como um criminoso", escreveu Edwards.[9] Um Messias agredido e ensanguentado, tão fora de sincronia com o que judeus esperançosos esperavam de seu rei vindouro (e com o que você e eu esperamos de um Salvador) está bem no coração do Evangelho de Marcos. Não foi exagero o que disse o estudioso alemão Martin Kähler, referindo-se a Marcos 8.27—9.13,

---

[9] Jonathan Edwards, "Annotations on passages of the Bible" in: *Selections from the unpublished writings of Jonathan Edwards*, org. por Alexander B. Grosart (Edinburgh, 1865) p. 140.

ao chamar os Evangelhos de "narrativas da paixão com introduções longas."[10]

A grande glória do evangelho cristão é que o Evangelho de Marcos não termina no capítulo 8. A cegueira de Bartimeu, a cegueira dos discípulos e a cegueira em nós não foi levada em conta porque Jesus morreu, e isso é uma questão muito maior do que como estão indo nossos investimentos, ou quem está liderando a nação na qual vivemos, ou o aquecimento global, ou empregos perdidos, ou doenças que podemos contrair, ou casamentos difíceis. Não importa o que aconteça econômica ou politicamente, ou em nosso emprego, saúde ou relacionamentos, nos dias vindouros, a realidade mais fundamental de nossa existência persiste. Inalterada, imóvel, gloriosamente aberta, pedindo nada mais que um "sim". Pois Jesus, merecendo um "sim", recebeu um "não" para que nós, merecendo um "não", pudéssemos receber um "sim".

Talvez o melhor resumo em um versículo de Marcos seja 10.35, aninhado entre os dois relatos de fechamento de Marcos 10 estudados acima, no qual Jesus fundamenta o chamado para seus discípulos servirem uns aos outros: "Pois o próprio Filho do homem não veio para ser servido, mas para servir e para dar a vida em resgate de muitos". O evangelho da graça não é sobre o que podemos fazer para Deus, mas sobre o que Deus fez por nós em Jesus Cristo. "Se você tem qualquer coisa, você deve deixar tudo

---

[10] Martin Kähler. *The so-called historical Jesus and the historic, biblical Christ*, trad. para o inglês por Carl E. Braaten (Philadelphia: Fortress, 1964) p. 80.

para trás antes de vir. Se houver qualquer coisa boa em você, você não pode confiar em Cristo", Spurgeon pregou.[11] Tudo que trazemos é nossa necessidade. Tudo que trazemos é nossa cegueira.

Pois Jesus Cristo, o rei consumado, no sentido mais profundo, "via". Ele foi a única pessoa a jamais ter sido cegado moralmente pelo pecado. Mesmo assim, no sofrimento predito ao longo da segunda metade de Marcos, Jesus permitiu-se ficar "cego" para que você e eu, pecadores cegos, pudéssemos ter a visão restaurada. A visão perfeita de Jesus nos é dada. Nossa visão é restaurada ao reconhecermos nossa cegueira moral e pedindo por misericórdia. Nada mais é requerido para que a conquista dele, a visão dele, a vitória dele, a vida dele, inundem-nos com um dilúvio de graça. Essa é a graça surpreendente.

Jesus perguntou aos filhos de Zebedeu: "Que quereis que eu vos faça?".

Ele perguntou a Bartimeu: "Que queres que te faça?".

Contudo, mais crucialmente, ele fez essa pergunta uma terceira vez ao próprio Pai (veja Mateus 26.39; Lucas 22.42; João 5.19; 8.28).

Tiago e João pediram glória a Jesus. Bartimeu pediu misericórdia a Jesus. Deus, o Pai, pediu que Jesus entregasse a sua vida, assegurando *tanto* glória *quanto* misericórdia para quem admite sua cegueira e se apega a Cristo.

---

[11] Charles Spurgeon, *Faith* (New Kensington: Whitaker House, reimpresso em 1995), p. 35.

TERCEIRA

parte

LUCAS

a surpresa dos excluídos
sendo incluídos

7

A COMUNIDADE
SURPREENDENTE
DE JESUS

EM UMA PALESTRA DADA EM 1944 para os jovens da Universidade de Londres, C. S. Lewis refletiu sobre o desejo humano universal de ser *incluído*. Ele chamou o objeto desse anseio misterioso de "círculo interno".

Ele falou: "Acredito que na vida de todo homem em certos períodos, e na vida de muitos homens em todos os períodos entre a infância e a velhice extrema, um dos elementos mais dominantes é o desejo de estar dentro do círculo local e o terror de ser deixado de fora".[1] Esse círculo interno oferece "o delicioso conhecimento de que

---

[1] C. S. Lewis "The inner ring", in: *The weight of glory and other addresses*. p. 110-1. Lewis estava se dirigindo a jovens homens estudantes nessa palestra, portanto, deixaremos de lado sua linguagem específica de gênero. As observações dele claramente transcendem barreiras de gênero.

nós [...] somos as pessoas que *sabem*."[2] Afinal, "O mundo parece cheio de 'espaços internos', cheio de intimidades agradáveis e confidencialidades".[3] E a luxúria inveterada para se estar por dentro dessas confidencialidades é "capaz de fazer um homem que ainda não é muito mau praticar coisas muito más".[4] O desejo de se estar por dentro — de onde quer que seja — é um poderoso motivador que nos impele de todas as formas e gera uma horda de pecados diferentes. O desejo de ser incluído pode levar a roubos, se o círculo interno for rico; à sensualidade, se o círculo interno for promíscuo; a trapaças, se o círculo interno for academicamente superior; ou ao legalismo, se o círculo interno for ligado a regras e regulamentos. "É cansativo e nocivo à saúde perder suas tardes de sábado, mas tê--las livres porque você não importa, isso é muito pior", Lewis ressalta.[5]

A comunidade de Jesus vira o círculo do avesso

Lewis está tocando em um dos mais fortes impulsos que sentimos como seres humanos caídos, uma das formas mais claras e poderosas através da qual nossa fraqueza se relaciona com o mundo social e relacional no qual estamos diariamente imersos. Isso é tão natural para nossas

---

2   Ibidem. p. 111. Ênfase no original.

3   Ibidem. p. 118.

4   Ibidem. p. 116.

5   Ibidem. p. 112.

intuições caídas que parece normal, como peixes na água. Desejamos ser incluídos, mesmo que — ou *especialmente* se — isso signifique que outros sejam excluídos. Desejamos profundamente estar "por dentro".

Lucas, mais do que qualquer outro Evangelho, aborda isso. Em Mateus, como vimos, a *definição de moralidade* de Jesus é contraintuitiva, o oposto do que esperaríamos, já que ele condena os moralmente devotos em vez dos moralmente profanos. Em Marcos a *missão* de Jesus é contraintuitiva, já que o Rei dos reis é tratado como o criminoso dos criminosos. Em Lucas, descobrimos que a *comunidade* de Jesus é contraintuitiva. Aqueles que se esperaria estar "por dentro" são excluídos e aqueles que se esperaria estar "por fora" são incluídos. O círculo interno inverte-se.[6]

A dinâmica aqui é similar à de Mateus, ainda que Mateus destaque uma questão moral, e Lucas, uma social. Os dois não são, de forma alguma, mutuamente excludentes. Contudo, o que enfatizamos em Mateus é, primariamente, um problema vertical; o que estamos focando em Lucas é um problema principalmente horizontal. Em Mateus, vimos o desejo do ser humano de estar "por dentro" em relação a Deus; em Lucas, vemos o desejo de estar "por dentro" em relação a outras pessoas.

---

[6] Sobre esse tema em Lucas, veja também John R. W. Stott, *Basic introduction to the New Testament* (Grand Rapids: Eerdmans, 1964) p. 30-37; Jeremias, *Rediscovering the parables*, p. 179; I. Howard Marshall, *Luke: historian and theologian* (Downers Grove: InterVarsity. 3ª ed., 1988), p. 141.

Mais uma vez, vamos a uma única passagem longa como uma janela para todo o Evangelho. Ao fazermos isso, percebemos que Lucas nos surpreende com a forma como Jesus vira de ponta-cabeça todas as nossas intuições sociais. Mais uma vez, somos confrontados com um Jesus Cristo profundamente surpreendente.

Reversões sociais recorrentes de Lucas

A dor da exclusão e o anseio pela inclusão são universais. C. S. Lewis sabia, e Lucas sabia. A passagem representativa para qual olharemos é Lucas 1.5-38. Aqui, percebemos que a virada mais profunda de Lucas é que Jesus inclui os de fora e exclui os de dentro. Embora, em algum nível, essa reversão social seja vista em todos os quatro Evangelhos, ela é mais central em Lucas. Ao organizarmos as coisas dessa forma, não queremos dizer que Jesus não quer que quem já é naturalmente "de dentro" seja igualmente incluído; o mais profundo desejo dele é que eles sejam incluídos também. No entanto, as próprias vantagens sociais dificultam que eles percebam sua necessidade por Jesus e seu evangelho.

Antes de seguirmos para Lucas 1, entendamos brevemente o restante do Evangelho para esclarecer o quanto esse tema é recorrente.

Em Lucas 2, são meros pastores que são destacados como visitantes notáveis ao Jesus recém-nascido (2.8-20), e não, como no Evangelho de Mateus, os sábios do oriente, que eram importantes o bastante para passar no palácio do rei no caminho a Belém (Mateus 2.1-7). Pastores *não estavam* no topo da pirâmide social no primeiro século. Uma tradição rabínica amontoava os pastores junto com coletores de impostos e arrendatários de terras como quem teria certa dificuldade de se arrepender diante de Deus e restituir aos outros, devido à notória falta de integridade com a qual tais atividades se realizavam.[7] O estudioso do Novo Testamento Joachim Jeremias escreve sobre os pastores do primeiro século: "na maior parte das vezes, eles eram desonestos e roubavam; eles levavam seus rebanhos para as terras de outras pessoas".[8] Ainda assim, esses homens socialmente marginalizados receberam assentos de primeira fileira para testemunhar a encarnação do Filho de Deus.

O restante do Evangelho de Lucas continua de semelhante modo. Embora não possamos analisar cada caso a fundo, um retrato em cada capítulo das inversões sociais que permeiam Lucas servirá como representação de como esse tema é recorrente. Conforme fazemos isso, mantenhamos em mente as hierarquias sociais, profundamente arraigadas no tecido do mundo do Novo Testamento, a respeito de homens e mulheres, judeus e gentios, instruídos e ignorantes, ricos e pobres, livres e escravos, íntegros e imorais, zelotes e colaboradores políticos. Os tempos deles eram tão autoritários, estruturados e hierárquicos

---

[7] Talmude Babilônico, Baba Qamma 94b; citado em Bailey, *Jesus through middle eastern eyes* p. 183.

[8] Joachim Jeremias, *Jerusalem in the time of Jesus*, trad. para o inglês por F. H. Cave; C. H. Cave (London: SCM, 1969) p. 305.

quanto à sociedade ocidental de hoje é igualitária, orientada a oportunidades iguais e "livre".

Em Lucas 3, são as pessoas de descendência direta de Abraão que são designadas por João Batista como "raça de víboras" para serem substituídas, se necessário fosse, pelas pedras sob os pés deles (3.7-9). Em Lucas 4, Jesus escandaliza seus ouvintes ao relembrá-los de que dois dos judeus supremos do círculo interno, Elias e Eliseu, curaram não os israelitas, mas os estrangeiros da época: uma pobre viúva gentia e um soldado pagão doente chamado Naamã (4.25-27). No Capítulo 5, Jesus convida um coletor de impostos chamado Levi para entrar para o círculo e então come com ele em sua casa enquanto aqueles homens judeus com a melhor educação, a melhor genealogia e os mais altos padrões morais resmungavam (5.27-32). Jesus abençoa os de fora e amaldiçoa os de dentro em Lucas 6, abençoando os pobres, aqueles que choram e os insultados, enquanto proclama ais sobre os ricos, os que riem, e as pessoas de quem os outros falam bem (6.20-26).

Mostrando que não tem um tipo de viés inverso contra os de dentro apenas porque são de dentro, Jesus aceita um convite para jantar na casa de um fariseu chamado Simão no capítulo 7, assim como ele tinha comido com um coletor de impostos no capítulo 5. Contudo, o mesmo padrão de acolher os de fora emerge mais uma vez quando uma mulher socialmente afastada ("uma mulher pecadora na cidade") é acolhida e perdoada, enquanto Simão parece ser deixado de fora, falhando em entender o débito para o qual ele próprio precisa de perdão (7.36-50). Em Lucas 8, Jesus nomeia as pessoas da multidão como "mãe" e "irmãos", deixando de fora sua mãe e irmão consanguíneos (8.19-21; veja também 11.27,28).[9]

Em Lucas 9, uma criança é escolhida por Jesus e colocada entre os discípulos como um exemplo de quem eles deveriam receber, enquanto quem estava pronto para deixar tudo para trás, contanto que pudessem primeiro dar adeus aos pais, não "é apto para o reino de Deus" (9.46-48,62). No capítulo 10, um samaritano socialmente desprezado é o herói da famosa parábola, em vez do socialmente reverenciado sacerdote ou levita (10.25-37).[10] E, em Lucas 11, Jesus fala que os homens de Nínive, os mais de fora que já poderiam ter existido, erguer-se-ão e condenarão as multidões que o escutavam tão atentamente (11.29-32). O capítulo 12 descreve a rejeição de um homem rico, contrastada com os abundantes tesouros pertencentes àqueles que vendem suas posses e as dão aos necessitados (12.13-21,31-34).[11]

---

[9] Kenneth Bailey ressalta o significado de Jesus incluir mulheres em sua identificação dos discípulos: "No contexto cultural do Oriente Médio, um orador que aponta para uma multidão de *homens* pode falar: 'Meu irmão, tio e primo são estes'. Ele *não pode* falar: 'Meu irmão, irmã e mãe são estes'" (Bailey, *Jesus through middle eastern eyes*, p. 192; ênfase no original).

[10] Samaritanos, habitantes da pequena região ao sul da Galileia e ao norte da Judeia, eram considerados mestiços porque eram descendentes dos judeus que ficaram para trás e se casaram com gentios durante os exílios.

[11] Aqui, lembramo-nos da bênção divina que os antigos judeus presumiam estar sobre quem Deus fazia prosperar em termos materiais.

Em Lucas 13, muitos vão esperar entrar no reino de Deus, mas serão excluídos, enquanto "muitos virão do oriente e do ocidente, do norte e do sul" (de fora) e "se sentarão à mesa no reino de Deus" (13.25-29,34,35). Em Lucas 14, os de dentro que foram inicialmente convidados para o grande banquete acabam sendo rejeitados, substituídos pelos "pobres, os aleijados, os cegos e os mancos" (14.15-24). O filho mais novo em Lucas 15, que queria o pai morto e desperdiça a herança, está "incluído", enquanto o filho mais velho, trabalhando duro a vida toda, parece estar "excluído" (15.11-32) — um comentário sobre quem está ouvindo: coletores de impostos e pecadores, de um lado, e os fariseus e escribas, de outro (15.1,2).

No capítulo 16, é o pobre e miserável Lázaro que entra no céu, enquanto seu vizinho rico é atormentado no inferno (16.19-31). Em Lucas 17, é somente o samaritano desprezado que retorna para demonstrar gratidão a Jesus dentre os dez leprosos que são curados (17.11-19) e, no capítulo 18, é o odiado coletor de impostos que vai para casa justificado, não o fariseu eticamente minucioso e socialmente exaltado (18.9-14). No capítulo 19, Jesus come com o opressor, Zaqueu, o coletor de impostos, e o salva (19.1-10). Lucas 20 descreve a transferência de uma "vinha", símbolo do Antigo Testamento para o povo de Deus, para "outros" arrendatários (gentios) (20.9-18). E Lucas 21 exalta a oferta de uma mulher pobre em vez dos presentes de ricos (21.1-4). Em Lucas 22, encontramo-nos na semana final da vida de Jesus.

A grande inversão bíblica

Espalhados entre os registros destacados aqui há muitos outros relatos de Jesus acolhendo os socialmente excluídos e excluindo os socialmente reverenciados. Já mencionamos alguns exemplos. Ao longo de Lucas, os de fora ficam por dentro e os de dentro ficam de fora. Coletores de impostos, prostitutas, gentios, samaritanos, crianças, "pecadores", filhos mais novos: dentro. Mestres da lei, escribas, fariseus, sacerdotes, devotos religiosos, os socialmente respeitados, filhos mais velhos: fora. Vários estudiosos apropriadamente sugerem que Lucas 19.10 deveria ser visto como um resumo em um versículo do Evangelho de Lucas: "Porque o Filho do homem veio buscar e salvar o que se havia perdido."[12] Paul Tournier coloca bem: "Há de fato uma inversão: Deus prefere os pobres, os fracos, os desprezados. O que pessoas religiosas têm [...] dificuldade de admitir é que ele prefere pecadores a justos".[13]

Nos termos de hoje, Jesus veio para buscar e salvar profissionais do sexo; cafetões; banqueiros e empresários desonestos; encostados em auxílios governamentais; criminosos condenados; jornalistas mentirosos; viciados; minorias étnicas desfavorecidas; rejeitados sociais; os sem-teto; os fedidos; os nojentos.[14]

---

[12] Por exemplo, Marshall, *Luke: historian and theologian*, p. 116; Blomberg, *Jesus and the Gospels*, p. 165.

[13] Tournier, *Guilt and grace*, p. 114.

[14] Isso pode ser visto com clareza ao notarmos com quem Jesus comia. Sobre isso, vemos Craig L. Blomberg, *Contagious holiness: Jesus' meals*

Tournier chama isso de "a grande inversão bíblica".[15] O alegre coração de Deus é atraído por quem o mundo deixa de fora. Esse tema de reviravolta social de Lucas não é exclusivo do terceiro Evangelho. Não apenas os outros Evangelhos, mas a Bíblia inteira, tanto explícita quanto implicitamente, consistentemente desconstrói as hierarquias sociais que fazem julgamentos qualitativos de pessoas e as colocam em seu lugar com base no nascimento e na realização. Em uma oração rabínica, por exemplo, um homem judeu agradecia a Deus porque ele não era gentio, tampouco escravo, ou mulher. Explicitamente, esses três tipos são exatamente as barreiras que Paulo derruba em Gálatas 3.28: "Não há judeu nem grego, não há escravo nem livre, não há homem nem mulher, porque todos vós sois um em Cristo Jesus". Implicitamente, essas são as três categorias nas quais caem as pessoas que formavam o grupo principal da igreja plantada em Filipos em Atos 16: o carcereiro gentil filipense, a garota escrava de quem um demônio é exorcizado, e Lídia, a comerciante. A inclusão dos de fora é particularmente evidente, contudo, no terceiro Evangelho. Agora, voltemo-nos para Lucas 1.

Aparições angelicais para Zacarias e Maria

Mais uma vez, começamos com a passagem em estudo. Diferentemente das passagens representativas em Mateus e

---

with sinners, NSBT 19 (Downers Grove: InterVarsity, 2005).

[15] Tournier, *Guilt and grace*. p. 122.

em Marcos, aqui, vamos bem para o começo do Evangelho, em que veremos como o de fora é elogiado, enquanto o de dentro é repreendido — o de fora é incluído, e o de dentro é excluído.

Depois de explicar nos primeiros quatro versículos *o que* ele escreveu ("uma narrativa em ordem"; "dos fatos que se realizaram entre nós"), *para quem* ele escreveu ("Teófilo"), e *por que* ele escreveu ("para que tenhas certeza"), Lucas descreve duas aparições consecutivas do anjo Gabriel. A primeira é para Zacarias, pai de João Batista. A segunda é para Maria, mãe de Jesus:

> Havia nos dias de Herodes, rei da Judeia, um sacerdote chamado Zacarias, do grupo de Abias; sua mulher era descendente de Arão e chamava-se Isabel. Ambos eram justos diante de Deus, irrepreensíveis em todos os mandamentos e preceitos do Senhor. Mas não tinham filhos, pois Isabel era estéril, e os dois eram de idade avançada.
>
> Aconteceu que, exercendo ele as funções sacerdotais perante Deus, na ordem do seu grupo, coube-lhe por sorteio, conforme o costume do sacerdócio, entrar no santuário do Senhor, para oferecer incenso; e toda a multidão estava orando do lado de fora, na hora em que se oferecia incenso. Então apareceu-lhe um anjo do Senhor, em pé, à direita do altar do incenso. Ao vê-lo, Zacarias ficou perturbado e teve muito medo. Mas o anjo lhe disse: Não temas, Zacarias; porque a tua oração foi ouvida, e Isabel, tua mulher, te dará à luz um filho, e tu o chamarás João; terás alegria e satisfação, e muitos se alegrarão com o nascimento dele; porque ele será grande diante do Senhor; não beberá vinho, nem bebida forte; e será cheio

do Espírito Santo desde o ventre materno; ele converterá ao Senhor, seu Deus, muitos israelitas; irá adiante do Senhor no espírito e poder de Elias, para reconduzir o coração dos pais aos filhos, e os rebeldes à prudência dos justos, a fim de constituir um povo preparado para o Senhor.

Então Zacarias perguntou ao anjo: Como terei certeza disso? Pois sou velho, e minha mulher também tem idade avançada. E o anjo lhe respondeu: Eu sou Gabriel e sempre estou diante de Deus; fui enviado para te falar e te dar essas boas novas; ficarás mudo e não poderás falar até o dia em que essas coisas acontecerem; pois não creste nas minhas palavras, que no devido tempo se cumprirão. O povo estava esperando Zacarias e espantava-se por ele se demorar no santuário. Mas, ao sair, Zacarias não conseguia falar com eles; então perceberam que tivera uma visão no santuário. Ele lhes falava por gestos e continuava mudo...

No sexto mês, o anjo Gabriel foi enviado por Deus a uma cidade da Galileia, chamada Nazaré, a uma virgem comprometida a casar-se com um homem chamado José, da descendência de Davi; o nome dela era Maria. O anjo veio onde ela estava e disse: Alegra-te, agraciada; o Senhor está contigo. Mas, ao ouvir essas palavras, ela ficou muito perturbada e começou a pensar que saudação seria essa. Então o anjo lhe disse: Não temas, Maria; pois encontraste graça diante de Deus. Ficarás grávida e darás à luz um filho, a quem darás o nome de Jesus. Ele será grande e se chamará Filho do Altíssimo; o Senhor Deus lhe dará o trono de Davi, seu pai; ele reinará eternamente sobre a descendência de Jacó, e seu reino não terá fim.

Então Maria perguntou ao anjo: Como isso poderá acontecer, se não conheço na intimidade homem algum? O anjo respondeu: O Espírito Santo virá sobre ti, e o poder do Altíssimo te cobrirá com a sua sombra; por isso aquele que nascerá será santo e será chamado Filho de Deus. Também Isabel, tua parente, espera um filho sendo já idosa; aquela que era chamada estéril está de seis meses; porque para Deus nada é impossível. Maria então disse: Aqui está a serva do Senhor; cumpra-se em mim a tua palavra. E o anjo a deixou e partiu (1.5-22,26-38).

Fica claro pela forma como Lucas abre seu relato do Evangelho que ele está montando um contraste deliberado entre Zacarias e Maria. Igualmente a nosso estudo de Tiago e João *versus* Bartimeu em Marcos 10, podemos ver isso se analisarmos o que é similar entre os dois registros e o que é diferente.

As similaridades

O que é similar entre as formas como Lucas descreve o que acontece com Maria e com Zacarias?

Várias coisas se destacam. Ambos são visitados pelo anjo Gabriel. Ambos ficam "perturbados" com essa visita (1.12, 29). Ambos ouvem do anjo para não temerem. Ambos são informados sobre um filho que nascerá em breve e recebem os nomes para lhes darem. Ambos ouvem que "ele será grande" (1.15, 32) e que ele terá um papel especial e divinamente ordenado para cumprir na atual história de redenção, particularmente com respeito ao destino de Israel (1.16, 32-33). Zacarias e Maria ambos exultam, mais tarde, com um poema de louvor ao Senhor (1.46-55, 68-79). Finalmente, cada um questiona esse anúncio angelical, e com boas razões!

Esta última similaridade é confusa, até contraditória, pois mesmo que ambos expressem dúvida, Zacarias é repreendido e confrontado, enquanto Maria é elogiada e confortada. Como que a dúvida de Zacarias resulta em perda temporária da habilidade de falar, enquanto Maria não sofre nenhuma punição? Três observações nos ajudam aqui:

- Primeiro, Zacarias e Maria não falaram exatamente a mesma coisa. Zacarias perguntou "Como terei certeza disso?" (1.18), literalmente "De acordo com o que terei certeza disso?". Maria, no entanto, perguntou "Como isso poderá acontecer?" (1.34). A resposta de Zacarias foi um pedido de prova, como se a palavra do Senhor vinda pelo anjo não fosse suficiente. A resposta de Maria foi um maravilhamento silencioso;
- Segundo, podemos simplesmente tomar a resposta de Gabriel como um indicativo do que estava acontecendo no coração de Zacarias e no de Maria. Não precisamos ler a natureza precisa da dúvida que cada um expressou a fim de percebermos que as respostas de Gabriel às perguntas expressadas por Zacarias e Maria indicavam o estado do coração de cada um;
- Terceiro, lemos, explicitamente, mais adiante na narrativa, que Zacarias não teve fé e que Maria teve fé. No versículo 20, Gabriel explica que a punição

de Zacarias foi porque "não creste nas minhas palavras." No versículo 45, por outro lado, Isabel, esposa de Zacarias, saúda Maria com as palavras: "Bem-aventurada a que creu."[16]

Então, embora tanto Maria quanto Zacarias expressem dúvida, a maneira como cada expressão é articulada indica uma profunda diferença de postura do coração. Para Zacarias, a dúvida prevaleceu sobre a crença. Para Maria, a crença prevaleceu sobre a dúvida. Isso nos leva a considerar quais outras diferenças existem entre os dois relatos.

Papéis invertidos

As diferenças que teriam feito Zacarias ser favorecido socialmente são muitas. Ele era homem, enquanto Maria era mulher, uma distinção com peso social muito maior naquela cultura do que no Ocidente hoje. Zacarias era velho, enquanto Maria era jovem, talvez mal tivesse entrado na adolescência. Ele era um sacerdote, um membro da elite religiosa, enquanto ela era apenas mais uma pessoa comum. Zacarias era financeiramente estável em seu papel como sacerdote — muito parecido como um funcionário público em alguns países, sendo pago por meio de impostos, afinal, os sacerdotes judeus recebiam uma porção do valor trazido como oferta pelo povo. Isso é uma boa estabilidade trabalhista: contanto que as pessoas continuem pecando, você terá o que comer! Maria, por outro lado, era pobre, como evidenciado

---

[16] Sou grato a Tyler Kenney por me apontar essa terceira distinção.

pelo fato de ela ter levado dois pombinhos para o sacrifício, uma permissão para quem não podia comprar um cordeiro (2.24; compare com Levítico 12.8). Zacarias não era apenas casado, mas se casara com uma mulher que também era da reverenciada linhagem de Arão (1.5), enquanto Maria estava noiva, mas ainda não casada, em tempos em que o casamento dava às mulheres significativa estabilidade social.

Lemos que Zacarias não apenas tinha a *posição* social certa, mas ele e a esposa também "eram justos diante de Deus, irrepreensíveis em todos os mandamentos e preceitos do Senhor" (1.6). Talvez Maria fosse similarmente justa, mas isso não é declarado explicitamente em lugar algum. Outra diferença chama atenção. A previsão do anjo de uma iminente gravidez de Isabel, esposa de Zacarias, foi motivo de alegria. Sabemos por Lucas 1.13 que Zacarias evidentemente estava orando por um filho há algum tempo. Para Maria, por outro lado, uma adolescente não casada, uma gravidez ilegítima seria uma vergonha pública.

Tudo isso nos leva a esperarmos certa resposta de Zacarias e certa resposta de Maria. Com tudo indo a favor de Zacarias, era de se esperar que a reação dele ao anúncio de Gabriel fosse imediata, explosiva, alegre e cheia de fé. E, com tudo indo contra Maria, era de se esperar que a resposta dela fosse tão *sem fé* quanto a de Zacarias seria *com fé*.

Porém, aqui chegamos à diferença mais surpreendente de todas. A resposta de Zacarias foi sem fé; a de Maria foi cheia de fé. Zacarias pediu uma prova e foi punido; Maria mansamente se submeteu e foi elogiada.

Os papéis deveriam ter sido exatamente o inverso. Zacarias, o de dentro, responde como Maria, a de fora, deveria ter respondido. Maria, a de fora, responde como Zacarias, o de dentro, deveria ter respondido.

Zacarias não foi, a que tudo indica, completamente rejeitado. Ele recuperou, depois de um período de mudez, a voz e a fé, obedecendo à ordem do anjo de que o bebê deveria se chamar João. Mas ainda somos surpreendidos pela forma como eles responderam inicialmente. E isso não é, afinal, o teste mais verdadeiro do que está dentro de nós? Quando uma provação nos assola, o indicador mais verdadeiro do estado real de nosso coração não é a primeira coisa que aparece em nós, a maneira como reagimos *antes* de termos tempo para nos atentarmos e passarmos nossa resposta pelo filtro de como queremos que os outros nos vejam? Como escreveu C. S. Lewis, "Se houver ratos em um porão, é mais provável que você os veja se entrar lá muito bruscamente. Contudo, não é a brusquidão que cria os ratos; ela somente os impede de se esconderem".[17]

O primeiro capítulo de Lucas dá a nota que ressoará por todo o Evangelho. A mesma surpresa que vemos no *ministério* de Jesus por todo o livro — que os de fora são incluídos e que os dentro são excluídos — é vista desde o início no *nascimento* de Jesus. Não apenas o que ele faz no mundo, mas como ele vem ao mundo está repleto de surpresa.

---

[17] C. S. Lewis, *Mere christianity* (New York: HarperCollins, 2001), p. 192.

8

PECADORES HONESTOS

Brennan Manning escreve que "Jesus vem para pecadores, para quem é tão excluído quanto coletores de impostos e para quem ficou preso em escolhas esquálidas e sonhos fracassados. Ele vem para executivos, pessoas em situação de rua, estrelas, latifundiários, prostitutas, viciados, agentes da Receita Federal, vítimas de AIDS e até vendedores de carros usados".[1]

Sem pré-requisitos sociais necessários

Alguns de nós cresceram com um privilégio tremendo: participação tradicional na igreja, talvez há várias gerações. Pastores ou outros líderes cristãos na família, respeito na comunidade, uma vida imersa no ensino da Bíblia, conversão quando ainda jovem.

---

[1] Brennan Manning, *The ragamuffin gospel* (Colorado Springs: Multnomah, 2005), p. 23.

Outros de nós não têm um direito claro assim para ser membro do povo de Deus, se pré-requisitos sociais tivessem algum peso. Não somos particularmente inteligentes, dinâmicos, espertos ou impressionantes. Talvez tenhamos vindo a Cristo mais tarde na vida. Boa parte do mundo da Bíblia continua sendo um universo distante para nós.

O Evangelho de Lucas tem algo para dizer para os dois grupos. Para os de dentro, Lucas fala: "Sua posição social superior é um presente de Deus. Administre-o bem. Mas tenha cuidado: esses privilégios com que você nasceu não apenas não são benéficos para sua presença no povo de Deus, como podem ser prejudiciais" (compare com Filipenses 2.7). Porque é fácil, muito fácil, permitir que bênçãos inerentes a genealogia, nascimento e nome sutilmente construam um sentimento falso de ter direito a algo.

Para os de fora, Lucas fala: "Sua posição social inferior não é impedimento algum para sua presença no povo de Deus. Nenhum pré-requisito social é necessário. Você é muito bem-vindo".

O exclusivismo mais inclusivo de todos

A inversão radical de Jesus dos costumes sociais em Lucas é, ao mesmo tempo, extremo inclusivismo e extremo exclusivismo. Jesus nos apresenta uma terceira rota que não é o que a cultura nos sugere, tampouco o que a religião nos sugere.

Nossa cultura atual no Ocidente apoia o inclusivismo. Todos devem ser incluídos. Sem exclusões.

A maioria das religiões apoia o exclusivismo. Há exclusão sim e ela é para quem não alcança os padrões daquela religião.

Em outras palavras, a cultura nos fala que não deve haver os "de fora."[2] A religião, por outro lado, certamente endossa uma divisão entre os de fora e os de dentro e fala que os de fora são aqueles não se adequam de alguma forma.

Jesus nos apresenta uma terceira rota para entender a exclusividade e a inclusividade, os de fora e os de dentro. Jesus nos mostra o exclusivismo mais estrito e o inclusivismo mais amplo *ao mesmo tempo*, unidos na mesma pessoa: ele mesmo. Somente através dele alguém pode entrar no reino. Isso é radicalmente exclusivo. Mas, ainda assim, qualquer um pode vir. Isso é radicalmente inclusivo.

Liberto para a comunidade autêntica

Porque essa graça é aberta a todos, *todos*, o evangelho da graça provê a única fonte para uma comunidade autêntica. Aqui, lembramos que o desejo por uma comunidade não é apenas para extrovertidos. É para humanos. Introvertidos

---

[2] Isso é dito com frequência, mas de forma que transforma em excluídos quem afirma a existência dos excluídos. Isso é a tolerância de tudo, exceto da intolerância. É a inclusão de tudo, exceto a exclusão. A alegação de inclusividade universal é exclusiva. É uma alegação de possuir o exato conhecimento que seus proponentes dizem que não podemos ter. Dizer que alguém não pode identificar os excluídos, baseando-se na ideia de que tal diagnóstico pressupõe arrogantemente um conhecimento transcendente da realidade suprema, envolve em si mesmo uma pressuposição de transcendência autocontraditória.

também precisam de comunidade. A fome pelo companheirismo está enraizada na imagem de Deus, não em nossa predisposição mental pessoal.

A exata essência do cristianismo é ajuda, reconhecimento de incapacidade, salvação pela obra de outro, admissão de culpa. Nós, porém, cristãos, somos um grupo peculiar. De alguma forma, permitimo-nos escorregar para uma cultura social de "bom o bastante" e "padrão mínimo" que freneticamente busca manter as aparências. Em seu livro *O Deus Esquecido*, Francis Chan escreve:

> Um tempo atrás, um ex-membro de gangue veio à nossa igreja. Ele tinha muitas tatuagens e era um pouquinho rude, mas estava curioso para ver como era a igreja. Ele tinha um relacionamento com Jesus e parecia estar consideravelmente envolvido com a igreja. Depois de alguns meses, eu descobri que ele não estava mais vindo à igreja. Quando perguntei por que não vinha mais, ele me deu a seguinte explicação: "Eu me enganei sobre como a igreja seria. Quando me juntei à igreja, achei que seria como me juntar a uma gangue. Veja, nas gangues, nós não éramos apenas legais uns com os outros uma vez por semana; nós éramos uma família."[3]

É alarmante pensarmos que muitas das nossas igrejas — e, sejamos honestos, nós mesmos somos o problema muito mais frequentemente do que a solução — cultivam

---

[3] Francis Chan, *Forgotten God: reversing our tragic neglect of the Holy Spirit* (Colorado Springs: David C. Cook, 2009), p. 152. Veja também Manning, *Ragamuffin gospel*, p. 16,56,57.

um tipo mais domesticado de comunidade que uma gangue. O companheirismo real é fugaz. Até entre nossos irmãos e irmãs em Cristo, usamos máscaras, escondemos pecados, ostentamos virtudes e julgamos os outros. Muitos acham que a igreja é o lugar onde é mais difícil, e não mais fácil, falar abertamente sobre dificuldades pessoais.

Isso é profundamente irônico e trágico porque, no evangelho cristão, temos a única ferramenta para destrancar o coração e nos libertar das máscaras. Enquanto virmos a igreja cristã como um clube para quem alcança a aprovação social, estaremos indispostos a falar livremente sobre nossas limitações como crentes. Somente quando o único pré-requisito para a inclusão na igreja for o acordo conjunto de que não há pré-requisitos é que abaixaremos nossa guarda. O Evangelho de Lucas nos leva aí.

A distinção fundamental entre igrejas não é que algumas têm pecadores e outras não têm. A distinção fundamental é que algumas igrejas têm pecadores *honestos* e outras igrejas têm pecadores *resguardados*. A questão não é se somos pecadores ou não, mas se somos honestos quanto a isso ou não. Tiago 5.16 não foi escrito para uma parte da igreja, mas para todos os membros: "confessai vossos pecados uns aos outros e orai uns pelos outros para serdes curados".

Isso não quer dizer que se deve permitir que a dimensão horizontal da vida cristã sufoque a vertical. Relembremos que a igreja deve encontrar sua nutrição, em última análise, não um no outro, mas mantendo uma conexão vital com a videira. Cristãos são chamados para fixar seus olhos em Cristo como o único com quem eles têm o companheirismo mais profundo e significativo. E isso também apoia, em vez de afastar, o companheirismo um com o outro. O chamado para amar a Deus e o chamado para amar um ao outro não estão em conflito; eles se reforçam mutuamente. Entretanto, a ordem é crítica: coloque a vertical primeiro, e receberá a horizontal com ela; coloque a horizontal primeiro, e ficará sem nenhuma. A. W. Tozer explica por quê:

> Você já percebeu que cem pianos afinados com o mesmo diapasão automaticamente estão afinados entre si? Eles soam iguais por terem sido afinados não de acordo um com o outro, mas de acordo com um padrão ao qual cada um deve se submeter individualmente. Então, cem adoradores juntos, cada um olhando para Cristo, estão com o coração mais próximo um do outro do que jamais poderiam estar se ficassem conscientes quanto à "unidade" e afastassem os olhos de Deus para buscarem um companheirismo mais próximo.[4]

Colocar o companheirismo um com o outro acima do companheirismo com Deus destrói ambos.

Mas até mesmo aqui ainda não penetramos na chave fundamental para a real comunidade cristã. Para concluirmos, vamos até ela.

---

[4] A. W. Tozer, *The pursuit of God: the human thirst for the divine* (Camp Hill: Christian, 1982), p. 80.

Bem-vindo ao círculo, de uma vez por todas

A surpresa de Lucas, de que os fora estão dentro e os de dentro estão fora, se canaliza para um entendimento central e absolutamente importante: em Cristo, nós estamos *dentro*, no único sentido que importa.

Afastados do evangelho, desejamos estar incluídos, mas nunca conseguimos. No evangelho, esse desejo é satisfeito quando somos, de uma vez por todas, incluídos. O misticismo inflado do "círculo interno" foi esvaziado. O desejo por inclusão significativa foi satisfeito. Quem sofre para entrar no "círculo interno" precisa se inserir se quiser sentir-se digno de alguma coisa, e geralmente falha. O evangelho vira essas duas misérias de cabeça para baixo. Nós não precisamos mais estar inseridos, mas *estamos* inseridos.

Portanto, devemos ver que, por toda nossa conversa neste capítulo (e na igreja hoje) sobre "comunidade", estaremos apenas andando em círculos se desconectarmos o cultivo da comunidade do evangelho. Vemos isso em Gálatas 2, um relato sobre uma violação de uma comunidade real por ninguém menos que o apóstolo Pedro (também chamado de Cefas): "Porque antes de chegarem alguns da parte de Tiago, ele estava comendo com os gentios; mas, quando eles chegaram, Cefas foi se retirando e se separando deles, por temer os que eram da circuncisão" (Gálatas 2.12). O companheirismo foi quebrado.

Agora, como Paulo lida com isso? Certamente, ele repreende Pedro: "eu o enfrentei abertamente" (Gálatas 2.11). Mas como Paulo faz isso? Com que diagnóstico? Ele relembra

Pedro de que cristãos não devem ser racistas? Ele incentiva Pedro a se levantar mais cedo e passar mais tempo em sua devocional com as Escrituras? Ele fala para Pedro que isso é uma estratégia evangelística ruim? Ele relembra Pedro de que cristãos devem ser amáveis com todos, até com os de fora? Qualquer uma dessas respostas teria sido legítima. Paulo, porém, vai à raiz do problema. Paulo identifica o erro de Pedro como um erro diante do *evangelho*: "vi que não agiam corretamente, conforme a verdade do evangelho" (Gálatas 2.14). Qual foi o erro de Pedro? Evidentemente, ele não estava acreditando na verdade do evangelho em toda sua riqueza. Mas *de que forma* Pedro não estava acreditando no evangelho? O texto nos fala: "por temer os que eram da circuncisão" (Gálatas 2.12).

Medo. Era isso que impulsionava Pedro. Este é o ponto: o evangelho nos liberta não apenas do medo do julgamento de Deus no futuro, mas também do medo do julgamento de homens no presente.

Pois, em Cristo, já estamos incluídos. O desejo de ser bem-vindo, reafirmado, incluído, declarado aprovado, *justificado*, foi saciado. Lembre-se: é imediatamente após essa passagem em Gálatas 2 que Paulo escreve as mais famosas palavras na Bíblia sobre justificação pela fé (Gálatas 2.16). Pedro não estava sendo simplesmente racista; ele estava perdendo a justificação de vista.

No romance de 1869 de Liev Tolstói, *Guerra e paz*, uma história da Rússia do início do século 19 sob a ameaça de invasão por Napoleão, um pouco expressivo segundo-tenente chamado Boris Drubetskoi procura pelo socialmente significativo príncipe Andrei. Ao solicitar o paradeiro do príncipe para outros oficiais, Boris recebe apenas desdéns condescendentes. Entrando em um quarto, Boris encontra o príncipe Andrei impacientemente escutando um general russo mais velho e bastante condecorado, que queria desesperadamente ganhar a atenção e o favor de Andrei. O príncipe está entediado com o ansioso general e, notando Boris, prontamente deixa o outro militar e se aproxima do segundo-tenente para uma conversa mais agradável. Tolstói escreve:

> Boris nesse instante entendeu claramente o que ele já havia suspeitado: que no exército, acima e além do fato da subordinação e da disciplina escritas no regulamento, as quais os regimentos sabiam de cor, e ele sabia tão bem quanto qualquer outro, havia ainda outra forma ainda mais essencial de subordinação, a qual compelia o ansioso general de rosto púrpuro a aguardar sua vez respeitosamente, enquanto o capitão príncipe Andrei, para a própria satisfação, achava mais interessante conversar com o porta-bandeira Drubetskoi. Mais do que nunca, Boris decidiu, dali em diante, não agir de acordo com a lei escrita, mas com esse código não escrito.[5]

Não é necessário ter experiência militar para saber de primeira mão o que Tolstói está descrevendo. Esse "código não escrito" oferece aceitação, boas-vindas, aprovação. Essa

---

[5] Liev Tolstói, *War and peace*, trad. para o inglês por Nathan H. Dole (New York: Crowell, 4 volumes, 1932), volume 1, p. 301.

aprovação é inebriante quando oferecida e devastadora quando recusada.

No evangelho da graça, o poder que esse código não escrito exerce em todos nós é desmascarado e exposto em toda sua fraudulência, pois já somos incluídos, independentemente de qualquer pré-requisito social que possamos trazer conosco.

9

A ÚNICA CHAVE

MAS COMO? COMO PODE SER que os de fora podem *livremente* ser incluídos?

O incluído supremo

A resposta está insinuada em Lucas 9.51: Jesus "manifestou o firme propósito de ir para Jerusalém". O que ele fez quando chegou lá? Como Hebreus expõe, Jesus foi para "fora do acampamento" (Hebreus 13.11-13). Repetidas vezes no Antigo Testamento, um membro do povo de Deus era forçado a passar tempo fora do acampamento devido a uma impureza cerimonial (por exemplo, Levítico 13.46; Números 5.3; Deuteronômio 23.12). Jesus ficou impuro, porém, *por nós*. Ele saiu do acampamento para que você e eu, que somos excluídos impuros, pudéssemos imediatamente ganhar acesso ao único círculo interno que importa: o favor de Deus, o companheirismo do Éden restaurado. Perdão. *Shalom*.

A chave para vivenciar o círculo interno dos círculos internos, ao contrário do que esperaríamos, está fora de nós. O líder evangélico Al Mohler escreve que cristãos tendem a "acreditar que o maior problema deles é algo que ocorreu com eles e que a solução deve ser encontrada interiormente. Em outras palavras, eles creem que têm um problema externo que será resolvido com uma solução interna. O que o evangelho diz, no entanto, é que temos um problema interno que demanda uma solução externa".[1] Nossa cultura nos fala que o problema é exterior e que a solução está dentro de nós. O evangelho nos fala que o problema está dentro de nós e que a solução está fora de nós.

Em nenhum lugar isso é mais poderosamente demonstrado do que no relato de Lucas 5 sobre a cura do paralítico que foi rebaixado pelo teto por seus amigos audaciosos. A solução imediata de Jesus foi: "os teus pecados estão perdoados" (5.20).

E se, da próxima vez que você entrasse no consultório médico, ele olhasse para os seus exames e se virasse para você e falasse: "Não se preocupe. Seus pecados estão perdoados!"? Além da pergunta sobre como o médico é capaz de ter a autoridade para perdoar pecados (um problema que os fariseus tiveram com Jesus nessa passagem), ficaríamos perplexos porque o médico estaria respondendo a um problema físico com uma solução moral.

[1] R. Albert Mohler, Jr. "Preaching with the culture in view", in: Mark Dever et al, *Preaching the cross* (Wheaton: Crossway, 2007) p. 81.

Os amigos do paralítico pensaram: "Nós trouxemos um paralítico para você. Estamos aqui para uma solução física, não uma moral. O perdão é bom, mas não é esse o problema!".

E Jesus fala: "É sim".

Os amigos pensaram: "Nós o trouxemos aqui para ser curado!".

E Jesus fala: "Exatamente".

O problema moral é o problema sob o problema. É a crise por trás de toda crise. O paralítico e seus amigos pensaram, bem naturalmente, que o maior dilema na vida do paralítico era sua paralisia física. Jesus, no entanto, tratou primeiro o dilema mais fundamental: a paralisia espiritual. O paralítico pensou que seu problema era algo que tinha acontecido com ele. Na verdade, o problema era ele. Não era algo circunstancial, mas espiritual; não os eventos de sua vida, mas o estado de sua alma. Apenas alguns versículos mais tarde, Jesus explicitamente fala da pobreza espiritual como uma doença: "Os sãos não precisam de médico, mas sim os doentes; eu não vim chamar os justos ao arrependimento, mas os pecadores" (5.31,32).

Mas como esse problema fundamental foi resolvido? Pelo perdão, sim. Mas como esse perdão foi obtido? Com que direito Jesus foi capaz de oferecer não apenas a cura física, mas a cura suprema ao paralítico?

Desta forma: na cruz, o único verdadeiramente incluído se tornou um excluído para que você e eu, excluídos de nascença, pudéssemos ser incluídos livremente.

C. S. Lewis fechou sua palestra "The Inner Ring" [O círculo interior] com um alerta alarmante para não virarmos presas da cobiça de estar dentro do círculo interno: "A menos que você tome ações para impedi-lo, esse desejo vai ser um dos motivadores principais de sua vida, desde o primeiro dia em que você entrar em sua profissão até o dia em que você estiver velho demais para se importar".[2] Palavras sábias, dignas de serem ouvidas. Contudo, Lewis, apesar de toda ajuda em diagnosticar essa doença permeada em nós, falhou em prover o remédio. A ação chave para impedir o feroz desejo de ser incluído é se apegar à verdade de que a única pessoa que verdadeiramente era incluída se tornou excluída a fim de nos incluir.

Poderíamos falar sobre isso em termos de teologia bíblica, vendo a Bíblia através das lentes de seu enredo linear, culminando em Cristo. Em nossos primeiros pais, Adão e Eva, caímos e fomos expulsos do jardim do Éden. Estamos excluídos desde então. Noé e sua família foram salvos por estarem dentro da arca, enquanto o restante do mundo perecia do lado de fora. No Êxodo, o povo de Deus foi liberto somente para se ver do lado de fora, no deserto. Josué e Juízes contam a dolorosa história de Israel tentando entrar na terra prometida. No exílio, o povo de Deus foi novamente levado para fora da terra. E assim por diante.

Em outras palavras, a partir de Gênesis 3 é contada a história da humanidade *tentando entrar de novo*, e da

---

[2] Lewis, "The inner ring", p. 114.

misericordiosa provisão de Deus com um tabernáculo e depois com um templo, um lugar para se encontrarem com Deus, um lugar onde *entrariam*. Contudo, até isso era proibido para todos, exceto para uns poucos sacerdotes especialmente designados.

E então Jesus entrou em cena. Ele anunciou que *ele* era o templo (João 2.18-22). Os apóstolos explicaram mais tarde que quem está unido com Cristo se torna uma pedra viva em um templo cuja pedra angular é Cristo (1Pedro 2.4-6; compare com 1Coríntios 6.19). Quem está em Cristo se tornou, no sentido mais importante, de dentro. E, na nova criação, a corrupção restante que ainda nos aflige com sentimentos de sermos excluídos condenados vai desaparecer: "Nela não vi santuário, pois seu santuário é o Senhor Deus todo-poderoso e o Cordeiro" (Apocalipse 21.22-27).

O inferno está cheio de pessoas que acreditam que merecem estar fora do inferno e dentro do céu. O céu está cheio de pessoas que acreditam que merecem estar fora do céu e dentro do inferno.[3] Mais uma forma de ser surpreendido por Jesus.

Saiba que você não deveria estar por dentro. Olhe para Cristo. Fique tranquilo.

Você foi incluído.

---

[3] Eu devo essa frase a um sermão pregado em 13 de junho de 2010 por Ray Ortlund na Immanuel Church, em Nashville, Tennessee, EUA. Uma afirmação similar pode ser encontrada em Martyn Lloyd-Jones, *The cross*: *God's way of salvation* (Wheaton: Crossway, 1986), p. 75.

QUARTA

parte

JOÃO

a surpresa do criador como criatura

10

JESUS E A IDENTIDADE
VERDADEIRA

O puritano John Gill escreveu: "A encarnação de Cristo é um assunto muito extraordinário e incrível. É realmente maravilhoso que o eterno Filho de Deus se tornasse homem, que ele nascesse de uma virgem pura [...] E tudo isso a fim de realizar a obra mais maravilhosa que já foi feita no mundo: a redenção e salvação dos homens. É uma coisa muitíssimo misteriosa, incompreensível pelos homens".[1]

Esse evento incompreensível é a surpresa que mora no coração do quarto Evangelho. Em Mateus, vimos a surpresa da obediência desobediente; em Marcos, a surpresa do rei como um criminoso; e, em Lucas, a surpresa dos excluídos sendo incluídos. Em João, chegamos à surpresa do Criador como criatura. A *identidade* de Jesus é contraintuitiva.

---

[1] John Gill, *A body of doctrinal divinity* (Paris, Arkansas: The Baptist Standard Bearer, reimpressão de 2004) p. 378.

Aqui não estamos perguntando, como em Mateus, qual a verdadeira obediência; tampouco, como em Marcos, o que Jesus veio fazer; nem mesmo, como em Lucas, quem faz parte de sua comunidade. Estamos perguntando *quem ele é.*

Como com os capítulos anteriores, vamos focar em uma passagem específica como uma janela para todo o relato do Evangelho. Essa passagem vai ser os primeiros dezoito versículos de João 1. Ali, descobrimos que o Verbo se tornando carne é realmente "um assunto muito extraordinário e incrível", mais um exemplo da forma como o Jesus verdadeiro nos surpreende com deslumbre e liberdade.

Ecos de Gênesis

Lá atrás, no começo da Bíblia, o livro de Gênesis começa com as palavras "No princípio..." (Gênesis 1.1) e então prossegue descrevendo como a palavra falada de Deus trouxe todas as coisas à existência (compare com Salmos 33.6,9; 2Pedro 3.5). Esse primeiro capítulo da Bíblia fala da criação, luz, trevas, e vida brotando do vazio. E, na narrativa seguinte, a criação de Deus rejeita seu próprio Criador.

Tudo isso também é verdade no primeiro capítulo do Evangelho de João. "Gênesis descreveu a primeira criação de Deus. O tema de João é a nova criação de Deus", escreveu o estudioso bíblico Leon Morris.[2] Especialmente importante é a forma como Gênesis 1 descreve a criação pela

---

[2]   Leon Morris,. *The Gospel according to John*, NICNT (Grand Rapids: Eerdmans, edição revisada de 1995) p. 65.

"palavra" de Deus, pois João 1 toma as mesmas categorias e mundo conceitual de Gênesis para descrever o próprio Jesus como o "Verbo" (*Logos*) de Deus.[3] Em Gênesis, encontramos o único Deus falando e repetidamente lemos: "Disse Deus...". Em João, encontramos uma identificação surpreendente com essa palavra através da qual Deus trouxe todas as coisas à existência.

E, no ápice desse exaltado prólogo introdutório ao seu Evangelho, João insere a declaração mais impressionante, que parece gritantemente irreconciliável com o primeiro relato de criação de Gênesis 1: "E o Verbo se fez carne" (1.14).

Começamos novamente reproduzindo a passagem relevante. Ao longo de todo este capítulo, daremos atenção especial ao versículo 14.

> No princípio era o Verbo, e o Verbo estava com Deus, e o Verbo era Deus. Ele estava no princípio com Deus. Todas as coisas foram feitas por intermédio dele, e, sem ele, nada do que foi feito existiria. A vida estava nele e era a luz dos homens; a luz resplandece nas trevas, e as trevas não prevaleceram contra ela.
>
> Houve um homem enviado por Deus; seu nome era João. Ele veio como testemunha, a fim de dar testemunho da luz, para que todos cressem por meio dele. Ele não era a luz, mas veio para dar testemunho da luz.

---

[3] Veja Sidney Greidanus, *Preaching Christ from Genesis: foundations for expository sermons* (Grand Rapids: Eerdmans, 2007) p. 6, 51, 52; Andreas J. Köstenberger, *A theology of John's Gospel and Letters: biblical theology of the New Testament* (Grand Rapids: Zondervan, 2009) p. 178-79, 337-41; Vern Poythress, *In the beginning was the Word: language — a God-centered approach* (Wheaton: Crossway, 2009), p. 12, 19-21, 45-6.

Pois a verdadeira luz, que ilumina a todo homem, estava chegando ao mundo. O Verbo estava no mundo, e este foi feito por meio dele, mas o mundo não o reconheceu. Ele veio para o que era seu, mas os seus não o receberam. Mas a todos que o receberam, aos que creem no seu nome, deu-lhes a prerrogativa de se tornarem filhos de Deus; os quais não nasceram de linhagem humana, nem do desejo da carne, nem da vontade do homem, mas de Deus.

E o Verbo se fez carne e habitou entre nós, pleno de graça e de verdade; e vimos a sua glória, como a glória do unigênito do Pai. João testemunhou a respeito dele, exclamando: É sobre este que eu falei: Aquele que vem depois de mim está acima de mim, pois já existia antes de mim. Pois todos recebemos da sua plenitude, graça sobre graça. Porque a lei foi dada por meio de Moisés; a graça e a verdade vieram por meio de Jesus Cristo. Ninguém jamais viu a Deus. O Deus unigênito, que está ao lado do Pai, foi quem o revelou (1.1-18).

Derrubando crenças profundamente enraizadas

Antes de abordarmos essa passagem diretamente, devemos ser claros sobre duas crenças importantes arraigadas no mundo antigo a partir do qual João escreveu. Uma tem a ver com o mundo grego dos tempos de João, e a outra, com o mundo judaico.[4] Com elas sobre a mesa, veremos mais

---

[4] Estudiosos há muito debatem sobre qual desses dois ambientes sociais é mais essencial para o Evangelho de João. Sem nos envolvermos nesse debate, tudo que é necessário que ressaltemos aqui é que ambos estavam, em algum nível, influenciando a escrita de João, um equilíbrio bem sustentado em Köstenberger, *Theology of John's Gospel and Letters*, p. 338.

claramente o que foi tão chocante sobre o que João fala no primeiro capítulo do seu Evangelho.

Primeiro, devemos entender que a mentalidade *grega* daqueles tempos via a pessoalidade humana como profundamente dicotomizada, ou dualística. Com "dualismo", não me refiro ao dualismo *cósmico*, à ideia de que duas forças iguais e opostas no universo, uma boa e uma má, guerreiam incessantemente entre si. Na verdade, refiro-me ao dualismo *antropológico*, a ideia de que a pessoa humana é formada essencialmente de dois componentes: corpo e espírito. A mente grega do primeiro século era herdeira de uma longa e venerável linha de pensamento filosófico que remontava a Platão, a qual via os humanos como tendo uma parte física (o corpo), que era inferior, e uma parte não física (a alma), que era superior.

Segundo, devemos entender que a mentalidade *judaica* daqueles tempos via o Deus Criador, *Yahweh*, como absolutamente transcendente. Ele era considerado totalmente acima da matéria criada, completamente alheio, soberano e separado. No coração da confissão judaica estava o *Shemá*: "Ouve, ó Israel: O SENHOR, nosso Deus, é o único SENHOR" (Deuteronômio 6.4).[5] Deus é único, transcendendo absolutamente toda a matéria criada, incluindo humanos, que foram feitos à sua imagem: "porque eu sou Deus e não homem, o Santo no meio de ti" (Oseias 11.9). Esse Deus é incomparavelmente *outro*.

---

[5] *Shemá* é uma transliteração da primeira palavra de Deuteronômio 6.4: "Ouve".

Os gregos colocavam uma forte antítese entre alma e corpo; os judeus colocavam uma forte antítese entre Deus e a humanidade. Em ambos os casos, o material é inferior ao imaterial.

Qual é a surpresa no Evangelho de João? A surpresa é que o livro já começa virando de ponta-cabeça os pressupostos mais básicos tanto do pensamento judaico quanto do grego.

Chocando os gregos

Para o mundo grego, João fala: "O Verbo se fez carne". O termo grego usado aqui é *logos*, e se referia no pensamento grego à *Razão*, com R maiúsculo, o grande princípio organizador do universo, a racionalidade impessoal por trás de tudo que acontece, aquilo que injeta coerência e estabilidade no universo.[6] Lembrem que, para o modo grego de pensar, o corpóreo era inerentemente inferior. Platão ensinou que a morte libertava a alma humana de seu miserável cativeiro em um corpo físico, deixando-a livre. A mentalidade grega não conseguia conceber o Logos se tornando carne assim como não concebia o ar virando lama.

Um Logos encarnado era, portanto, completamente esquisito para os gregos. Ainda assim, como Leon Morris fala, "Em uma expressão curta e devastadora, João revela a grande ideia no cerne do cristianismo."[7] E foi precisamen-

---

[6] Veja Murray Rae, "The testimony of works in the christology of John's Gospel", in: *The Gospel of John and christian theology,* org. por Richard Bauckham; Carl Mosser (Grand Rapids: Eerdmans, 2008) p. 302.

[7] Morris, *The Gospel according to John.* p. 91.

te isso que aconteceu. Quem trouxe à existência todas as coisas no princípio do tempo assumiu forma em carne e osso.

Jesus não foi um super-humano. Embora ele não tivesse pecado algum, ele não era, de alguma forma, um ser semidivino. Ele era um homem. A doutrina cristã ortodoxa de que Cristo era, simultaneamente, completamente Deus e completamente homem não significa que ele flutuava em algum estado entre os dois; significa que ele era completamente *ambos*. Como a carta aos Hebreus coloca, Jesus era "em tudo [...] semelhante a seus irmãos" (Hebreus 2.17).[8]

O Logos se tornou a única coisa que, por definição, o Logos não poderia se tornar. Como poderia o Logos do universo ter um sistema digestivo? Uma personalidade? Uma certa altura e peso? Carne? D. A. Carson explica o peso do versículo 14:

> Se [João] tivesse falado apenas que o Verbo eterno assumiu a humanidade ou adotou a forma de um corpo, o leitor mergulhado no dualismo popular do mundo helenístico poderia não ter captado a ideia. Mas João é inequívoco, quase chocante com as expressões que ele usa: *o Verbo se fez carne.*[9]

---

[8] Fora os escritos do apóstolo João, Hebreus é o livro do Novo Testamento que mais claramente retrata a eterna pré-existência de Jesus com Deus, como Deus, combinada com sua completa humanidade (veja, por exemplo, Hebreus 1.1-3 combinado com 2.14-18); veja Richard Bauckman, *Jesus and the God of Israel*. p. 233-53.

[9] D. A. Carson, *The Gospel according to John*, PNTC (Grand Rapids: Eerdmans, 1991), p. 126. Ênfase no original.

João não está apenas diferindo do padrão de pensamento grego dominante na época, ele está invertendo esse padrão. Os gregos queriam se livrar da carne e voar para o céu; João falou que o céu se fez carne e desceu à terra.

Chocando os judeus

Esse "o Verbo se fez carne" não foi menos escandaloso para o mundo judaico da época, pois, para o modo judaico de pensar, João falou: "Esse homem de carne e osso era o próprio *Yahweh* de alguma forma". O Verbo, de acordo com o versículo 1, "estava com Deus" — de fato, o Verbo "era Deus". E foi esse Verbo divino que se fez carne.

O ser transcendente, o único ser no universo que não pode ser categorizado junto com qualquer outro ser, tornou-se um de nós. O Criador se tornou uma criatura. Aquele que moldou a argila se tornou um vaso de barro. O Autor da história se inseriu na história.

Assim como com os gregos, havia uma longa e respeitada tradição no judaísmo a respeito do "Verbo" de Deus. "Os céus foram feitos pela palavra do Senhor [...] Pois ele falou, e tudo se fez", escreveu o salmista (Salmos 33.6,9). A palavra de Deus foi o poderoso agente divino através do qual a onipotência do poder criativo de Deus irrompeu.

Portanto, João dizer em João 1.1 que, no princípio de tudo, "o Verbo estava com Deus, e o Verbo era Deus" provocaria mais do que um bocejo dos seus leitores judeus. O Verbo era distinto de Deus ("o Verbo estava com Deus"), mas o Verbo também era incluído na identidade de Deus ("o Verbo era Deus"). Esse Verbo era o meio pelo qual Deus criou os céus e a Terra e era, com Deus, completamente distinto da criação.

O Verbo dele se tornar *carne* é o escândalo dos escândalos. Considere a forma como a relação da mente judaica entre o Verbo de Deus e a carne humana é vista em Isaías 40:

> Uma voz diz: Clama; e alguém pergunta: Que hei de clamar? Toda a carne é erva, e toda a sua glória, como a flor da erva; seca-se a erva, e caem as flores, soprando nelas o hálito do Senhor. Na verdade, o povo é erva; seca-se a erva, e cai a sua flor, mas a palavra de nosso Deus permanece eternamente. (Isaías 40.6-8, ARA).

Aqui, vemos as mesmas duas palavras, "carne" e "palavra", que João fala em João 1.14.[10] É impressionante que, em Isaías, a "carne" humana e a "palavra" de Deus estejam em forte contraste entre si. A carne fraqueja; a palavra divina permanece para sempre — antítese absoluta. Esse era o modo judaico antigo de pensar. Deus e sua palavra eram elevados, exaltados, soberanos, transcendentes, sagrados.

---

[10] A versão grega do Antigo Testamento, a Septuaginta, usa a palavra *rhema*, não *logos*, para a "palavra" de Isaías 40.8. Isso não deve ser visto como um problema, contudo, pois 1Pedro cita Isaías 40.6,8 e usa as duas palavras, *rhema* e *logos*, intercambiavelmente (*logos* no versículo 23 e *rhema* no versículo 25). Compare com Hengel, "The prologue of the Gospel of John as the gateway to christological truth", in: *The Gospel of John and christian theology*, org. por Richard Bauckham; Carl Mosser (Grand Rapids: Eerdmans, 2008) p. 269. Ele também ressalta a linguagem de "glória" em Isaías 40 e em João 1; por exemplo, Isaías 40.5 fala da "glória" de Deus, da "carne" humana e da palavra que "foi o SENHOR quem falou."

Mas, em João 1, os dois, a carne humana e o Verbo divino, são identificados. C. S. Lewis coloca isso memoravelmente em *Cristianismo puro e simples*:

> Entre os judeus, subitamente aparece um homem que fica falando como se ele fosse Deus. Ele alega perdoar pecados. Ele fala que sempre existiu. Ele fala que está vindo para julgar o mundo no fim dos tempos. Agora, vamos ser claros. Entre os panteístas, como os indianos, qualquer um poderia dizer que era parte de Deus, ou um com Deus; não haveria nada muito estranho com isso. No entanto, esse homem, sendo um judeu, não poderia se referir a esse tipo de Deus. Deus, no idioma deles, se referia ao Ser fora do mundo que o fez e era infinitamente diferente de qualquer outra coisa. E quando você entende isso, você vê que aquilo que esse homem falou era, muito simplesmente, a coisa mais chocante que já foi falada por lábios humanos.[11]

O Verbo tabernaculou entre nós

Uma forma como o contexto judeu de João 1 é reforçado se dá pelo verbo que João escolhe usar no versículo 14. Ele escreve: "E o Verbo se fez carne e habitou entre nós". O termo usado aqui para "habitou" é a forma verbal do substantivo grego *skene*, que significa "tenda" ou "tabernáculo". Um estudioso

---

[11] C. S. Lewis, *Cristianismo puro e simples*, p. 55. Para uma discussão datada, mas útil, sobre os contextos grego e judaico para o *logos* de João 1, veja Oscar Cullmann, *The christology of the New Testament*, trad. para o inglês por Shirley C. Guthrie; Charles A. M. Hall (London: SCM, edição revisada de 1963), p. 249-69.

traduz esse verbo aqui como "acampou".[12] Leitores do Evangelho de João familiarizados com o Antigo Testamento imediatamente pensariam no templo portátil, o tabernáculo, que era transportado para onde eles fossem no deserto durante a peregrinação de Israel entre o Egito e a terra prometida.

O que era o tabernáculo? Qual era o objetivo desse templo?

Diferentemente de outros elementos da fé judaica, tal como o monoteísmo, o culto no templo não era exclusivo ao judaísmo. Praticamente toda religião antiga tinha algum tipo de templo. O templo, para o judaísmo assim como para outras religiões, era um local físico, um prédio, onde o imortal se encontrava com o mortal. Aqui, o sobrenatural e o natural colidiam. O eterno e o temporal convergiam. O templo era onde o divino e o carnal poderiam se encontrar temporariamente — nunca para se misturar, de modo que o profano contaminaria o sagrado, mas para entrarem em breve contato um com o outro.

Entretanto, no centro da história humana, o divino e o carnal, o sobrenatural e o natural, *misturaram-se*: "E o Verbo se fez carne e habitou entre nós".

Perpassando o Antigo Testamento está o desenvolvimento do tema da presença de Deus entre seu povo, uma presença restrita ao mais sagrado dos lugares judaicos: o tabernáculo, e depois o templo. Era ali onde Deus habitava entre seu povo (Êxodo 25.8). Era ali onde a glória

---

[12] J. Ramsey Michaels. *The Gospel of John*, NICNT (Grand Rapids: Eerdmans, 2010) p. 74.

repousava. O companheirismo com Deus era restaurado, ainda que somente por alguns momentos.

Na verdade, o tabernáculo era um jardim do Éden em miniatura, representado com o teto azul celeste e um candelabro decorado como uma árvore florescente.[13] A palavra hebraica que corresponde à palavra grega *skene* era *shekan*, da qual vem o termo *Shekinah*, a "glória" de Deus que se tornava tão assustadoramente palpável no templo.[14] Isso ajuda a entender o que João fala no restante do versículo 14: "E o Verbo se fez carne e habitou [literalmente, "tabernaculou"] entre nós [...] e vimos a sua glória".

Em 1Reis 8.27, Salomão fez uma oração de dedicação para o templo recém-construído, perguntando-se em voz alta sobre a noção absurda de que uma edificação terrena pudesse conter o Deus dos céus: "Mas, na verdade, habitaria Deus na terra? O céu, e até o céu dos céus, não te podem conter; muito menos este templo que edifiquei!".

Habitaria Deus na terra? Sim.

Jonathan Edwards refletiu sobre esse versículo em uma anotação à mão na margem de sua Bíblia, a qual expressava o seguinte pensamento:

---

[13] Veja Tremper Logman III., *How to read Exodus* (Downers Grove: InterVarsity, 2009), p. 163-64. Para um estudo fascinante e desenvolvido sobre a presença de Deus ao longo da Bíblia, incluindo um argumento de que o Éden era o "templo" original que deveria ter sido espalhado sobre toda a superfície da terra, veja G. K. Beale, *The temple and the church's mission: a biblical theology of the dwelling place of God*, New studies in biblical theology 17 (Downers Grove: InterVarsity, 2004)

[14] Veja a discussão em Carson, *John*. p. 127-28.

> Se era uma coisa tão poderosa aos olhos de Salomão, um ato tão maravilhoso de condescendência, Deus habitar na terra da maneira como ele habitava no tabernáculo e no templo, quão maior e mais maravilhosa coisa seria ele habitar conosco como nosso Emanuel da maneira como ele habitou na natureza humana de Cristo.[15]

No Antigo Testamento, o sobrenatural colidia com o natural em uma *edificação* natural, onde, com acesso severamente *limitado*, humanos podiam se encontrar com Deus em sua glória. No Novo Testamento, o sobrenatural se juntou com o natural em um *corpo* físico, onde, com acesso *ilimitado*, humanos podiam se encontrar com Deus em sua glória.

Não mais entramos em um templo de madeira e pedra para nos encontrarmos com Deus. Deus entrou em um templo de carne e osso para se encontrar conosco.

Santidade contagiante

Uma distinção crucial entre o templo do Antigo Testamento, visto em uma edificação, e o templo do Novo Testamento, visto em Jesus, é esta: o templo do Antigo Testamento *repelia* os doentes, deformados e impuros; o templo do Novo Testamento *atrai* os doentes, deformados e impuros. No Antigo Testamento, lemos:

---

[15] Jonathan Edwards, *The blank Bible*, in: *The works of Jonathan Edwards*, volume 24, org. por Stephen J. Stein (New Haven: Yale University Press, 1972), p. 378.

> Então Ageu perguntou: Se alguém for contaminado pelo contato com um defunto e tocar em alguma dessas coisas, ela ficará impura? E os sacerdotes responderam: Ficará impura. Então Ageu respondeu: Este povo é assim, e esta nação é assim diante de mim, diz o Senhor; toda a obra das suas mãos é assim; tudo o que oferecem ali é impuro (Ageu 2.13-14).

No Novo Testamento, encontramos algo muito diferente:

> Aproximou-se dele um leproso, que lhe suplicou, de joelhos: Se quiseres, podes purificar-me. Jesus, movido por compaixão, estendeu a mão, tocou-o e disse: Quero; fica purificado. Imediatamente a lepra desapareceu, e ele ficou purificado (Marcos 1.40-42; compare com Levítico 13).

Jesus revira a matemática moral que tínhamos passado a esperar com o Antigo Testamento. No Antigo Testamento, puro mais impuro igual a impuro. No Novo Testamento, puro mais impuro igual a puro. No Antigo Testamento, a impureza é contagiosa. No Novo Testamento, a santidade é contagiante (perceba também 1Coríntios 7.14).[16]

Jesus trouxe consigo uma maneira de pensar completamente diferente, um novo universo mental no qual não nos vemos como basicamente puros e com risco de nos sujarmos, mas como basicamente impuros e com necessidade de purificação. Aproximando-nos de Jesus, nós a recebemos.

Quando Jesus entrou em cena, ele trouxe um mundo novo de graça sólida, a graça de Deus que sempre esteve

---

[16] Veja Craig L. Blomberg, *Contagious holiness*.

lá no Antigo Testamento, mas estava emudecida, confusa, embaçada, opaca. Calvino descreve o Antigo Testamento como as "sombras" e o Novo Testamento como a "substância."[17] Jesus trouxe as linhas concretas, claramente definidas da real, mas embaçada, graça do Antigo Testamento. Lá estava ele, bem diante de nós, um homem de carne e osso, Emanuel.

O Verbo se fez carne, cheio de graça e verdade. Sólido, substancial. A lei veio através de Moisés; graça e verdade vieram através de Jesus.

---

[17] João Calvino. *Institutes of the christian religion* org. por John T. McNeill, trad. para o inglês por Ford Lewis Battles (Louisville: Westminster John Knox, 1960), 2.11.114; veja também 4.14.25; 4.20.5.

11

DELEITE NA VERDADE DO EMANUEL

O Verbo se fez carne. Você já realmente parou e deixou essa afirmação assentar em sua cabeça? Isso é maravilhoso demais para meros vocábulos.

É fácil ficar familiarizado demais com a encarnação. Contudo, o fato de que o Deus do céu se tornou um de nós fica trivializado se o limitarmos a pouco mais do que um pensamento devocional morno na época do Natal. Deixemos esse fundamento extraordinário da ortodoxia se assentar como novo.

O mito se torna fato

Em seu texto fascinante *Is Theology Poetry?* [A teologia é poesia?], C. S. Lewis falou sobre a encarnação como "a humilhação do mito se tornando fato, de Deus se tornando Homem". Ele escreveu que "O que está em todo lugar e tempo, sem imagem e inefável, somente para ser vislumbrado em sonhos e símbolos, e na poesia física do ritual se torna pequeno, sólido, nada maior do que um homem que pode cair no sono em um barco a remo no mar da Galileia".[1] O Verbo, o Logos, o significado central do universo, o centro integrador da realidade, o ápice e o clímax de toda a história humana, quem invocou sistemas solares à existência instantânea, tornou-se um bebê indefeso na plenitude dos tempos (Gálatas 4.4). Chesterton escreve que, na noite em que Cristo nasceu em Belém, "as mãos que fizeram o sol e as estrelas eram pequenas demais para alcançar as enormes cabeças dos animais."[2]

Tudo que você e eu vivemos, Jesus viveu, com exceção do pecado.[3] Na verdade, perguntar se Jesus viveu uma vida normal é meter os pés pelas mãos. A vida dele foi a única vida normal que o mundo já viu. Nós que somos os anormais. Quando Jesus fez milagres, ele não estava violentando a ordem natural. Ele estava restaurando a ordem natural à forma como deveria ter sido. Pessoas cegas deveriam ver. Pessoas aleijadas deveriam caminhar. Demônios não deveriam possuir pessoas. Diferente de Adão, que falhou em exorcizar Satanás do jardim quando deveria, Jesus fez o que Adão deveria ter feito, exorcizando demônios de homens e mulheres criados à imagem de Deus. Os milagres de Jesus não eram sobrenaturais; eles eram verdadeiramente

---

[1] C. S. Lewis "Is theology poetry?", in: *The weight of glory and other addresses*. p. 99-100.

[2] G. K. Chesterton, *The everlasting Man* (Radford: Wilder, 2008), p. 105.

[3] Veja B. B. Waefield, "The emotional life of our Lord", in: *The person and work of Christ* (Philadelphia: Presbyterian & Reformed, 1950), p. 93-145.

naturais. Este mundo caído que é *sub*natural. Jesus é o único ser verdadeiramente humano que já viveu. A encarnação não nos dá uma imagem hipotética de como seríamos capazes de viver se fôssemos divinos. Ela nos dá uma imagem real de como devemos viver e, como um dia viveremos, quando formos plenamente humanos de novo.[4]

Isso é inimaginável. Não é um ponto doutrinário para fazer a *descarga* mental e então seguir em frente. Nós não entendemos isso como se fosse decorar tabuada. É um ponto para ser mastigado e digerido. É para ser deslumbrante. O Verbo se fez carne, não "o Verbo criou a carne", embora isso seja verdade. O Verbo *se fez* carne.

Esse era outro templo portátil, embora desta vez não fosse carregado por sacerdotes, mas pelas suas próprias duas pernas. Isso convoca à meditação. Isso convoca à adoração.

O grande pré-requisito

A encarnação não é apenas digna de nosso deslumbre, mas fundamental para nossa teologia. É o grande pré-requisito para toda outra faceta da salvação cristã.[5] Não há crucificação sem a encarnação primeiro. Não há a segunda vinda de Cristo se não houver a primeira vinda. Não há imputação sem a encarnação, pois Jesus veio como o

---

[4]   Veja Jürgen Molrmann, *The way of Jesus Christ*, trad. para o inglês por M. Kohl (Minneapolis: Fortress, 1993), p. 98-9.

[5]   Veja os comentários de Warfield nesses termos em Fred G. Zaspel, *The theology of B. B. Warfield: a systematic summary* (Wheaton: Crossway, 2010) p. 560-7.

segundo Adão, desfazendo o que Adão fez (desobedeceu) e fazendo o que Adão falhou em fazer (obedecer). Ao se tornar homem, o Filho de Deus pulou da segurança do céu e mergulhou no mundo para salvar seu povo, que estava se afogando (Filipenses 2.6-11). A encarnação, portanto, tem o pecado humano como instigação, o amor divino como motivação, o Espírito Santo como causa (no nascimento virginal), a revelação como conteúdo, a redenção como objetivo, e a adoração como resultado.

Atanásio, o grande defensor da ortodoxia do século 4, falou o seguinte sobre Cristo assumir a carne:

> Ele desceu para poder nos levantar, ele desceu à corrupção para que a corrupção pudesse ser revestida de imortalidade, ele se tornou fraco por nós para que possamos nos levantar com poder, ele desceu à morte para que pudesse nos outorgar a imortalidade e dar vida aos mortos. Finalmente, ele se tornou homem para que nós, que morremos como homens, possamos viver de novo, e para que a morte não reine mais sobre nós.[6]

Esta é a surpresa de João. O Criador se tornou criatura para que nós, criaturas, pudéssemos ser devolvidos ao nosso Criador.

Tal graça desafia nossas categorias. Graça moderada teria dito: "Encontrar-te-ei no meio do caminho. Dar-te-ei a escada e a força para subi-la. Ajudar-te-ei a te tornares o que tu foste feito para ser".

---

[6] Atanásio, "Festal letter", 10:8, citado em: Thomas G. Weinandy, *Athanasius: a theological introduction* (Aldershot: Ashgate, 2007) p. 96; compare com p. 123.

A graça rica de Deus fala: "Tornar-me-ei o que foste feito para ser".

Entrando na história

Uma implicação importante da encarnação, como formulada por João 1, é a relevância crucial da *história* enquanto lemos a Bíblia.

Para leitores cotidianos dos Evangelhos, assim como para biblistas que escrevem sobre os Evangelhos, João frequentemente é visto como mais "teológico" e menos histórico do que os outros Evangelhos. João parece escrever um relato mais etéreo de Jesus, mais abstrato, menos arraigado à história concreta.

Contudo, em João 1.14, lemos que o Verbo se fez carne. O Verbo *entrou na história*. Aquele que estava com Deus no princípio, aquele que *era* Deus, entrou em nosso tempo e espaço. Isso não significa que o Evangelho de João não é teológico. Isso significa que a teologia que encontramos em João tem uma sensibilidade histórica presente. O estudioso do Novo Testamento Richard Bauckham argumenta isso poderosamente quando se apoia em João 1.14 para apontar que a própria teologia de João tem uma preocupação interna com a história. Ainda que foquemos apenas na teologia de João, somos confrontados com uma visão radicalmente robusta da história do espaço-tempo.[7] O eterno entrou no

---

[7] Richard Bauckman, *The testimony of the beloved disciple: narrative, history, and theology in the Gospel of John* (Grand Rapids: Baker, 2007) p. 14.

temporal. Aquele que estava fora da história, que criou e supervisiona a história, *entrou* na história. A preocupação ricamente teológica do quarto Evangelho não está em conflito com uma preocupação histórica; as duas andam juntas.

O testemunho de João sobre Jesus Cristo não é um testemunho fundamentado em visões extasiantes, ideais elevados autogerados, tradições humanas ou impressões subjetivas. O testemunho de João está enraizado em relatos de testemunhas visuais de eventos reais neste planeta, neste sistema solar. Como João escreveu no começo da sua primeira carta, foi um testemunho fundamentado em "o que ouvimos, o que vimos com nossos olhos, o que contemplamos e nossas mãos apalparam" (1João 1.1). Aqui, mais uma vez, João fala sobre "O que era desde o princípio" e "o Verbo [*logos*] da vida" (1João 1.1). Aquele que entrou na história era ninguém menos que o próprio Verbo de Deus, eternamente um com Deus.

O fato de que a fé cristã é robustamente histórica não é simplesmente um acessório importante; a historicidade da nossa fé é integral à própria fé. Retire a historicidade e a fé cristã desaba. Considere a ressurreição corpórea de Cristo. Em 1Coríntios 15, Paulo fala que, se Jesus não saiu da tumba em carne real, permanecemos, todavia, em nossos pecados. O histórico intermedia o espiritual. O que acontece no céu quando nos colocamos diante de Deus, perdoados, está fundamentado no que acontece no espaço-tempo desta terra. Os dois não são alternativas; estão interligados.

O retrato de Jesus nos Evangelhos é incontestavelmente histórico. Frequentemente, o Evangelho de João é visto como o menos conectado à história. Na verdade, sua própria teologia, uma teologia do Verbo se tornando carne, contém em si um profundo cuidado com a precisão histórica. Uma forma como vemos a preocupação de João em dar uma expressão consciente ao seu relato do evangelho é o cuidado meticuloso com o qual o relato é moldado. Bauckham mostrou, por exemplo, que o prólogo (1.1-18) e o epílogo (21.1-25) de João têm a intenção de dar claros início e fim ao livro, já que o texto grego do prólogo contém 496 sílabas e o epílogo tem 496 palavras. Bauckham escreve que 496 é matematicamente especial porque é um número perfeito e também triangular. Ele escreve também que as duas pequenas declarações de objetivo de João (20.30,31; 21.24,25), cada uma contém 43 palavras.[8] O ponto é que o Evangelho de João não é fruto de uma "teologização" impensada, extasiada e sonhadora, mas um relato cuidadosa e deliberadamente moldado que leva seu conteúdo muito a sério.

Graça surpreendente é graça histórica.

O "Eu sou"

Mais uma vez, assim como com Mateus, Marcos e Lucas, nossa abordagem de uma única passagem do Evangelho é para ser apenas uma janela para o Evangelho como um

---

[8] Richard Bauckman, *Jesus and the eyewitnesses: The Gospels as eyewitness testimony* (Grand Rapids: Eerdmans, 1996), p. 364-6.

todo. O estudioso do Novo Testamento Martin Hengel nos aponta nessa direção quando, referindo-se aos primeiros dezoito versículos do Evangelho de João, escreve:

> O ápice e o objetivo é a encarnação do Verbo no versículo 14. Ela é a chave para os 21 capítulos que vêm em seguida [...] O ponto decisivo desenvolvido no Evangelho todo já foi exposto nas primeiras quatro palavras do versículo 14: "*ho logos sarx egeneto*" ["E o Verbo se fez carne"].[9]

Vemos a graça subversiva de Deus inscrever a si própria dentro da história humana ao longo do Evangelho de João. Por exemplo, o chocante casamento entre Verbo e carne, sagrado e profano, sobrenatural e natural, conclui o Evangelho de João. No capítulo 20, depois da ressurreição corpórea de Jesus, Tomé perde a aparição de Jesus para os outros discípulos (20.19-23). Tomé, cético, mal pode acreditar que Jesus voltou à vida e impetuosamente anuncia que, a menos que ele coloque o dedo nas marcas onde estavam os pregos, a menos que ele veja a realidade *em carne* de Jesus, ele não acreditaria. Quando Jesus aparece e convida Tomé para tocá-lo e ver os buracos e cicatrizes em suas mãos, Tomé responde, acrescentando à sua descoberta de Jesus em carne, uma afirmação clara de Jesus como divino: "Senhor meu e Deus meu!" (20.28).

---

[9] Martin Hengel, "The prologue of the Gospel of John as the gateway to christological truth", in: *The Gospel of John and christian theology*, org. por Richard Bauckham; Carl Mosser (Grand Rapids: Eerdmans, 2008) p. 268.

Uma forma particularmente surpreendente de como o tema do Verbo se fazendo carne se repete ao longo de João é que Jesus repetidamente refere-se a si mesmo usando as palavras teologicamente substanciosas "Eu sou".[10]

Em Êxodo 3, Deus se revelou para Moisés com o nome *"Yahweh"*, "Eu sou." Quando Moisés perguntou para Deus como ele deveria responder quando seus irmãos israelitas no Egito lhe pedissem para identificar Deus pelo nome, Deus respondeu: "Eu sou o que sou. Assim responderás aos israelitas: Eu Sou me enviou a vós" (Êxodo 3.14). Esse nome divino também é usado um total de sete vezes em Deuteronômio e em Isaías para se referir à completa transcendência do Deus de Israel (Deuteronômio 32.39; Isaías 41.4; 43.10,25; 45.18; 46.4; 51.12).

Ao longo do Evangelho de João também — fazendo referência a Êxodo, Deuteronômio ou Isaías; ou uma combinação dos três — encontramos o nome divino sendo usado. Aqui, porém, ele está nos lábios de Jesus.

Também é frequentemente ressaltado que Jesus fala de si mesmo com um "Eu sou" introdutório sete vezes ao longo de João. Isso é parcialmente verdade. Na realidade, há catorze casos disso. Sete deles são óbvios e sete são mais sutis. Chamaremos os óbvios de os "Eu sou" completos. Eles são completos no sentido de que, em cada caso, Jesus fala: "Eu sou..." (em termos gramaticais, o predicado vem depois do verbo). São eles:

---

[10] O que vem a seguir devo a Richard Bauckman, *Testimony of the beloved disciple*, p. 243-50; Bauckman, *Jesus and the Israel of God*. p. 39-40.

Eu sou o pão da vida (6.25,41,48).

Eu sou a luz do mundo (8.12).

Eu sou a porta das ovelhas (10.7,9).

Eu sou o bom pastor (10.11,14).

Eu sou a ressurreição e a vida (11.25).

Eu sou o caminho, a verdade e a vida (14.6).

Eu sou a videira verdadeira (15.1).

Essas sete falas predicadas, ou completas, tomadas cumulativamente, comunicam as riquezas da nova vida que Jesus traz.

Contudo, elas são apenas metade das ocorrências. Podemos chamar os sete restantes de falas "Eu sou" sozinhas. Elas são mais sutis porque não são usadas explicitamente para iniciar uma metáfora, como fazem os "Eu sou" completos. São elas:

E Jesus lhe disse: *Sou eu*, o que está falando contigo (4.26).

Mas ele lhes disse: *Sou eu*; não temais (6.20).

... se não crerdes que *Eu Sou*, morrereis em vossos pecados (8.24).

Quando tiverdes levantado o Filho do homem, então sabereis que *Eu Sou* (8.28).

... em verdade vos digo que, antes que Abraão existisse, *Eu Sou* (8.58).

Digo-vos isso desde já, antes que aconteça, para que, quando acontecer, creiais que *Eu Sou* (13.19).

Jesus lhes disse: *Sou eu* (18.5; veja também 18.6,8).[11]

---

[11] São minhas as traduções dessas sete falas "eu sou" sozinhas.

Alguns desses exemplos são bem óbvios, tal como João 8.58: "antes que Abraão existisse, Eu Sou". Esse exemplo se destaca notavelmente como uma clara referência ao grande "Eu Sou" do Antigo Testamento. O fato de Jesus estar aqui se alinhando com *Yahweh* é confirmado pela resposta das autoridades religiosas: eles pegam pedras para matar Jesus por blasfemar (8.59). Outros casos do "Eu sou" sozinho, no entanto, perdem-se facilmente de vista. Por exemplo, as traduções de João 4.26; 6.20; e 18.5 colocam o "Eu Sou" como "Sou eu". Isso disfarça a referência ao nome divino do Antigo Testamento.

Assim, ao longo de todo João, Jesus se identifica, explícita e implicitamente, com o transcendente Deus do Antigo Testamento, *Yahweh*, o "Eu Sou". João está falando que o Criador assumiu o estado de criatura.

Grandeza e bondade

Reconhecer esses dois grupos de falas "Eu sou" é mais do que curiosidade intelectual. Tomadas em conjunto, essas catorze declarações sopram nova vida em nós.

É importante ver os dois conjuntos de falas "Eu sou" no Evangelho de João. Não apenas o número sete é significativo na Bíblia, indicando completude e perfeição, mas ambos os conjuntos de falas "Eu sou" em João representam uma peça crucial para nosso entendimento de quem Jesus é e como ele nos ajuda, pois os usos do "Eu sou" sozinho nos mostram Jesus como Deus; os "Eu sou" completos nos mostram Jesus como Salvador.

Nas falas "Eu sou" sozinhas, Jesus se identifica com *Yahweh*. De certa forma, quebrando as barreiras confortáveis do monoteísmo judaico, o próprio Jesus é incluído na identidade divina. Contudo, nos "Eu sou" completos, embora essa inclusão esteja certamente presente, a essência de cada fala está no que Jesus é para pecadores necessitados: "Eu sou o pão da vida", "Eu sou o bom pastor", "Eu sou a ressurreição e a vida". Os casos de "Eu sou" sozinhos exibem a grandeza de Jesus. Os "Eu sou" completos exibem sua bondade.

Milhares de implicações encorajadoras emergem dessa união de grandeza e bondade, poder e misericórdia, força e salvação. Por exemplo, considere a oração.

Quando nos ajoelhamos para orar, estamos nos achegando ao único que é completamente poderoso e completamente bom. Ele é Rei e Amante, onipotente e onimisericordioso. Ele é capaz de nos ajudar e está disposto a nos ajudar. Se, em nossas orações a Cristo, estivermos confiantes apenas nas falas "Eu sou" sozinhas — confiantes de que ele é grande, mas não de que ele é bom —, saberíamos que ele pode responder às nossas orações, mas não teríamos certeza se ele se importaria o bastante para respondê-las. Se, em nossas orações a Cristo, estivermos confiantes apenas nos "Eu sou" completos — confiantes de que ele tem boas intenções, ama-nos e quer o melhor para nós, mas não que seja capaz de fazer muita coisa —, saberíamos que ele se importa conosco, mas poderíamos pensar que ele não pode ajudar muito.

Em Jesus Cristo, crentes têm um Senhor e um Salvador. Ele está sobre nós e está próximo de nós. Jesus é um Rei para representar Deus para nós, assim como um Sacerdote para nos representar para Deus.

12

DESCENDO A ESCADA

AINDA RESTA UM PROBLEMA. Como o fato de Jesus ser capaz e estar disposto a nos salvar é uma boa notícia *se somos rebeldes*? A grandeza e a bondade dele certamente são uma combinação poderosa. Mas como isso se relaciona com você e eu, em todos os nossos pecados e falhas?

A verdadeira escada

A resposta é encontrada em João 1.12: "Mas a todos que o receberam, aos que creem no seu nome, deu-lhes a prerrogativa de se tornarem filhos de Deus". Acreditar no nome de Jesus, que é uma forma antiga de dizer que se acredita na pessoa de Jesus, abre as comportas para a grandeza e bondade de Deus manifestadas em Cristo inundarem minha vida.

Esse argumento fica abundantemente claro no final de João 1. Ali, vemos um encontro um pouco inusitado entre Natanael e Jesus depois que Filipe convenceu o cético Natanael a ir ver se Jesus realmente é "quem Moisés escreveu na Lei, sobre quem os profetas também escreveram" (1.45). Continuamos a narrativa no versículo 47:

Vendo Natanael aproximar-se, Jesus referiu-se a ele, dizendo: Este é um verdadeiro israelita, em quem não há fingimento! E Natanael perguntou-lhe: De onde me conheces? Respondeu-lhe Jesus: Antes que Filipe te chamasse, eu te vi, quando estavas debaixo da figueira. Natanael respondeu: Rabi, tu és o Filho de Deus, tu és o rei de Israel. Ao que lhe disse Jesus: Crês porque te disse que te vi debaixo da figueira? Pois verás coisas maiores do que essa. E acrescentou: Em verdade, em verdade vos digo que vereis o céu aberto, e os anjos de Deus subindo e descendo sobre o Filho do homem (1.47-51).

É o último versículo aqui que é particularmente arrebatador. Ao descobrir que Jesus sabia que ele havia passado um tempo embaixo da figueira, Natanael fica convencido de que Jesus é "o Filho de Deus" e "o Rei de Israel" (1.49). No entanto, Jesus fala que eles ainda verão "coisas maiores" do que essa evidência de conhecimento sobrenatural. Eles verão "o céu aberto, e os anjos de Deus subindo e descendo sobre o Filho do homem" (1.51).

Assim como leitores astutos do Antigo Testamento teriam captado a referência velada ao tabernáculo em João 1.14, eles também teriam descoberto outra referência velada aqui. Em Gênesis 28, Isaque envia seu filho Jacó para encontrar uma esposa entre seu próprio povo. No caminho, Jacó passa a noite em Betel. "Então sonhou que havia uma escada colocada sobre a terra, cujo topo chegava ao céu; e os anjos de Deus subiam e desciam por ela" (Gênesis 28.12). E o Senhor reafirma a Jacó suas grandes promessas aos patriarcas (Gênesis 28.13-15).

Em Gênesis 28, o céu se abre e os anjos de Deus sobem e descem em uma escada que conecta céu e terra. Em João, o céu se abre e os anjos de Deus sobem e descem sobre o Filho do Homem. Qual é o objetivo da declaração icônica de João 1.51?

Jesus está falando: "Eu sou a escada. Eu sou a conexão entre o céu e a terra". Lutero está certo: "Cristo aplica a história do amado patriarca a si mesmo: agora, os anjos subirão e descerão sobre ele como sobre uma escada".[1]

Jacó viu uma escada trazer o céu à terra. Os discípulos viram Jesus trazer o céu à terra. Quando Jacó acordou de seu estranho sonho, sussurrou: "Como este lugar é terrível! Este lugar não é outro senão a casa de Deus, a porta do céu" (Gênesis 28.17). Contudo, enquanto Jacó falou em Gênesis 28 que "[este lugar] é a porta do céu", Jesus efetivamente falou em João 1: "*Eu* sou a porta do céu".[2] De fato, ele falaria isso explicitamente mais adiante no quarto Evangelho (10.7,9).

O objetivo principal da encarnação

Então a grandeza e a bondade de Jesus inundam nossa vida porque ele se tornou a escada pela qual o céu é aberto para nós. Nós não subimos uma escada de obediência para ativar a misericórdia de Deus.

---

[1] Lutero. *Luther's works*. Volume 22, p. 201; veja também p. 331.

[2] Leonard Goppelt, *Typos: the typological interpretation of the Old Testament in the New*, trad. para o inglês por Donald H. Madvig (Grand Rapids: Eerdmans, reimpressão de 1982), p. 186; veja também Craig S. Keener, *The Gospel of John: a commentary* (Peabody: Hendrickson, 2 volumes, 2003) Volume 1, p. 489.

Como Jesus se tornou a escada então? Como ele fez isso? Indo para a cruz.

Temos exultado com a encarnação neste capítulo. E devemos mesmo fazê-lo! Essa é a grande surpresa do Evangelho de João. A encarnação não é, contudo, o foco principal do Evangelho de João. Embora a encarnação seja necessária para Jesus ser nossa verdadeira escada para o céu, ela não é suficiente. A encarnação não era o objetivo principal de Cristo assim como vestir equipamento de mergulho não é o objetivo principal de um mergulhador de resgate profissional. Vestir o equipamento é para o propósito de salvar alguém.

O objetivo principal da encarnação se mostra para nós nos últimos quatro capítulos de João. A encarnação pavimentou o caminho para a crucificação e a ressurreição. O propósito do quarto Evangelho não é simplesmente nos convencer de que o Criador se tornou criatura, mas que, ao confiarmos em quem foi crucificado e ressuscitado, receberemos vida eterna (veja 20.30,31). A manjedoura levou à cruz, a qual levou à nossa libertação. A carta aos Hebreus deixa isso claro em sua própria linguagem: "Portanto, visto que os filhos compartilham de carne e sangue, ele também participou das mesmas coisas [encarnação], para que pela morte [crucificação] destruísse aquele que tem o poder da morte, isto é, o Diabo; e livrasse todos os que estavam sujeitos à escravidão durante toda a vida, por medo da morte [libertação]" (Hebreus 2.14,15).

Em João 19, Jesus foi crucificado. Na cruz, Jesus sabia "que todas as coisas já estavam consumadas" (19.28). Pouco tempo depois, ele deu o último suspiro com essas palavras: "Está consumado" (19.30).

Consumado!

As últimas palavras de Buda foram: "Tente alcançar seu alvo com diligência". As últimas palavras de Cristo: "Está consumado". Buda deixou este mundo exortando seus seguidores a trabalharem duro. Jesus deixou este mundo convidando seus seguidores a descansarem no que havia sido feito em favor deles. Loius Markos descreve o budismo como "centrípeto, direcionando a pessoa de volta para si mesma", enquanto o cristianismo é "centrífugo", apontando para um Salvador fora de nós.[3]

Buda morreu dando aos seus seguidores uma escada para subirem. Jesus morreu se tornando para seus seguidores a escada que eles jamais conseguiriam subir.

Ele desceu até nós

Voltamos, uma última vez, para a glória particular ao evangelho.

Não apenas o budismo, mas toda grande religião mundial, essencialmente, dá às pessoas uma escada para subirem para Deus: regras, diretrizes, leis, estipulações. Humanos sobem a escada para Deus.

O cristianismo é a única religião do mundo em que Deus desce até o homem. Calvino escreveu que "o caso

---

[3] MARKOS, Louis Markos, *Apologetics for the twenty-first century* (Wheaton: Crossway, 2010), p. 77.

seria certamente desesperador, se a própria Divindade não descesse até nós, sendo impossível que nós subíssemos"[4]

Outras religiões falam: "Aqui está a escada: suba-a". A graça surpreendente do evangelho fala: "Deus desceu a escada por nós". Outras religiões falam: "Este é o caminho para andar". Jesus falou: "Eu sou o caminho" (14.6). Outras religiões falam: "É assim como você pode ser elevado até Deus". Jesus falou: "Eu serei elevado, na cruz, em favor de vocês" (veja 3.14; 8.28; 12.32-34). As autoridades religiosas dos dias de Jesus perguntaram a ele: "Que faremos para realizar as obras de Deus?" (6.28). Jesus respondeu: "A obra de Deus é esta: Crede naquele que ele enviou" (6.29). A única obra crucial é confiar em quem foi enviado para realizar nossa obra por nós.

Em outras palavras — usando a linguagem de João 1.14 —, o evangelho é o único caminho para Deus que combina graça e verdade. Em Êxodo 34, talvez na mais significativa revelação do caráter de Deus no Antigo Testamento (Êxodo 34.6,7), a glória, a graça e a verdade de Deus foram reveladas a Moisés. Em João 1.14, é a "glória" de Jesus que é revelada, e ele também é "pleno de graça e de verdade". É por isso que João fala: "vimos a sua glória" (1.14). Pois, para Moisés, a glória de Deus era cheia de graça e verdade por abstração. Em Jesus, a glória de Deus em forma humana, graça e verdade unidas, não era uma abstração, mas um evento, uma pessoa. Moisés escondeu sua face da glória de Deus. Em Jesus, a própria glória de Deus tinha um rosto.

---

[4] João Calvino, *Institutes of the christian religion*. 2.12.1.

Por que importa para nós hoje que Jesus seja "pleno de graça e de verdade"? A cultura de tolerância religiosa ao nosso redor tende a enfatizar graça sem verdade, perdão sem qualquer padrão real que torne tal perdão necessário. Religiões do mundo tendem a enfatizar verdade sem graça, um padrão para alcançar sem qualquer senso de outra pessoa tê-lo alcançado em nosso favor. Jesus, porém, veio cheio de graça *e* de verdade.

O grande "Eu Sou" se tornou o que somos. Jonathan Edwards escreveu: "Cristo desceu do céu e habitou entre nós na terra; o Verbo foi feito carne e habitou entre nós, pleno de graça e de verdade, para que pudéssemos participar de sua plenitude e regozijar por ele e nele".[5]

O "Eu Sou" se tornou o que somos para que pudéssemos nos tornar o que ele é — não divinos, mas filhos de Deus. O rei se tornou um escravo para que nós, escravos, pudéssemos nos tornar reis de novo, os reis que fomos criados para ser (Gênesis 1.28). Ele desceu para que pudéssemos subir. O Criador se tornou criatura. Martinho Lutero escreveu bem sobre isso em um hino composto em 1531:

> É Cristo, Deus, nosso Senhor,
> Liberta-vos de toda dor;
> Vem mesmo para vos salvar
> E do pecado vos livrar.

---

[5] Jonathan Edwards, "The 'miscellanies' 501-832", in: volume 18 de Ava Chamberlain, ed., *The works of Jonathan Edwards* (New Haven: Yale University Press, 2000) p. 385.

Ó sê bem-vindo, meu Senhor!
Não desprezaste o pecador!
Tu vens comigo aqui sofrer –
Como te posso agradecer?[6]

---

[6] Martinho Lutero, "From heaven above to earth I come", in: *Dr Martin Luther's deutsche geistliche lieder* (BiblioLife, 2009), p. 60-61.

CONCLUSÃO

A GRAÇA QUE ABUNDA EM JESUS para pecadores e sofredores e para mais ninguém é radicalmente subversiva com nossas expectativas intuitivas e nossas sensibilidades religiosas. Jesus dá graça — ele dá *a si mesmo* — para os que não merecem e para quem sente que não merece.

Vimos essa graça surpreendente em cada um dos Evangelhos. Certamente há muitas sobreposições entre os quatro Evangelhos, mas certas ênfases sobem à superfície como foi destacado na perspectiva singular de cada um.

Em Mateus, Jesus expõe a obediência externalizada como podridão moral finamente velada. Em Marcos, o rei há muito aguardado assume o destino de um criminoso. Lucas nos mostra Jesus invertendo pressupostos sociais, com os de dentro tornando-se os de fora, e os de fora encontrando-se do lado de dentro. E a grande surpresa de João é que o Deus eterno que fez todas as coisas se fez de carne e osso.

Jesus desafia nossa concepção de jogo justo quanto à moralidade, à expiação, à natureza da igreja e à sua encarnação. A mensagem e a missão dele frustram todas as nossas expectativas inerentes de quem ele é e como segui-lo.

Além disso, ressaltamos ao fim de cada capítulo o fundamento para essas inversões surpreendentes: Jesus se permitiu ser tratado como não merecedor em nosso lugar para que nós, pecadores não merecedores, pudéssemos ser livremente tratados como merecedores, sendo preciso nada além da fé nele. O obediente sofreu por nossa desobediência. O rei sofreu por nossos delitos. O de dentro sofreu por nós, os de fora. O Criador sofreu por nós, criaturas.

Estudiosos astutos da Bíblia, às vezes, tentam colocar uma divisória entre o cristianismo apresentado nos Evangelhos e o cristianismo apresentado nas cartas de Paulo. Tais alegações dizem que os Evangelhos nos dão ensinamentos morais e as cartas nos dão o evangelho da graça. Contudo, tal retrato do Novo Testamento é forçado e infiel ao que vimos nos Evangelhos. Essas quatro narrativas exalam graça — graça surpreendente, graça subversiva.

O propósito deste pequeno livro sobre os Evangelhos é descascar as camadas de tentativas de domesticar Jesus e sua infinita bondade, que se acumularam ao longo dos anos no coração de alguns. Jesus Cristo simplesmente não pode ser domado. Ele não é unidimensional, não é previsível; ele não caminha de acordo com nossas expectativas pré-existentes do que ele é. Ele é maravilhosamente perturbador. Ele exige que rendamos a ele nossa vida, não retendo nada, abrindo mão das redes de segurança de aprovação humana, contas bancárias, prazer sexual, cultivo de uma reputação —

de fato, tudo isso acena como a provisão de uma segurança mais imediata. Deixe-o expor esses salvadores menores como as fraudes que eles são, decepcionando-nos tão profundamente depois de prometerem tanto. Somente Jesus, o Jesus verdadeiro, o Jesus surpreendente, preenche-nos. E ele faz isso em um grau transbordante. É simplesmente quem ele é.

Mas não se engane. Com Jesus, é tudo ou nada. Ele não está pedindo para ser acrescentado à nossa vida. Ele está pedindo para arrancar nossas ansiedades apodrecidas e redirecionar todas as nossas esperanças acovardadas precisamente para ele próprio. Jesus não nos medica. Ele nos renova. Ele não é uma adição; ele é transformação.

Poderia ser que você e eu tenhamos caminhado no raso do companheirismo com Cristo, pensando que já exaurimos o oceano? Pode ser que haja mais para vivenciarmos em Jesus do que jamais sonhamos?

Em sua reflexão de 1950 "What are we to make of Jesus Christ?" [O que devemos fazer com Jesus Cristo?], C. S. Lewis responde a essa pergunta ressaltando: "Não há nenhuma pergunta sobre o que podemos pensar dele; é inteiramente uma pergunta sobre o que ele tem a intenção de pensar de nós. Você deve aceitar ou rejeitar a história".[1] Depois, Lewis conclui com o que é uma conclusão adequada para o nosso estudo sobre Jesus e sua graça escandalosa revelada nos quatro Evangelhos. Que Deus em sua

---

[1]   C. S. Lewis, "What are we to make of Jesus Christ?" in: *God in the dock: essays on theology and ethics* (Grand Rapids: Eerdmans, 1970) p. 160.

misericórdia abra em Cristo os olhos da próxima geração para a maravilha disso, e para suas infinitas surpresas de misericórdia e graça para quem menos a merece, mas mais a deseja. Lewis escreve:

> As coisas que ele fala são muito diferentes do que qualquer outro mestre já disse. Outros dizem: "Esta é a verdade sobre o Universo. É assim como você deve agir", mas ele diz: "*Eu* sou a Verdade, o Caminho e a Vida". Ele diz: "Ninguém pode alcançar a realidade absoluta, exceto através de mim. Tente reter sua própria vida e você inevitavelmente ficará arruinado. Entregue-se e você será salvo".
>
> Jesus Cristo fala: "Se você tem vergonha de mim, se, quando você ouvir este chamado, você se virar para o outro lado, eu também desviarei o olhar quando eu voltar de novo como Deus sem disfarce. Se qualquer coisa o está afastando de Deus e de mim, seja o que for, jogue-a fora. Se é seu olho, arranque-o. Se é sua mão, corte-a fora. Se você se colocar em primeiro lugar, você será o último. Venham a mim, todos que estão carregando uma carga pesada, eu resolverei isso. Seus pecados, todos eles, serão apagados, isso posso fazer. Eu sou o Renascimento, eu sou a Vida. Comam de mim, bebam de mim, eu sou sua Comida. E, por fim, não temam, eu venci o universo inteiro".[2]

---

[2] Ibidem.

Pilgrim

Use seu tempo de forma produtiva e edificante

No app da Pilgrim, você pode acessar muitos outros conteúdos cristãos de qualidade como este livro para ajudar na sua caminhada de fé. Você encontra audiolivros, ebooks, palestras, resumos e artigos para cada momento do seu dia e da sua vida, além de benefícios para assinantes Premium.

Catálogo completo

Sobre o que você quer ler hoje? Vida devocional? Família? Empreendedorismo? Ficção? Tem tudo aqui.

Frete grátis e descontos

Receba vantagens exclusivas ao se tornar um assinante Pilgrim Premium.

Conteúdo exclusivo

Tenha acesso a ebooks, audiobooks, artigos e outros conteúdos disponíveis apenas em nosso app.

Acesso offline no aplicativo

Faça download de capítulos para ler ou ouvir mesmo quando não estiver conectado à internet.

Comece agora!

Site: thepilgrim.app
Instagram: @pilgrim.app
Twitter: @appPilgrim
Tiktok: @pilgrimapp

Este livro foi impresso pela Braspor, em 2025, para a Thomas Nelson Brasil. O papel do miolo é pólen natural 70g/m², e o da capa é cartão 250g/m².